Spi

Dello stesso autore

nella collezione Oscar

Alleggerire l'anima
L'amore nel Tantra
Aprirsi alla vita
L'arte del mutamento
L'arte di ricrearsi
Il canto della meditazione
La canzone della vita
Che cos'è la meditazione
Con te e senza di te
Il gioco delle emozioni
L'immortalità dell'anima
Liberi di essere
Il lungo, il corto, il nulla
I Maestri raccontano
I misteri della vita
Ricominciare da sé
Una vertigine chiamata vita
La via del cuore
La voce del mistero
Yoga: la scienza dell'anima
Yoga della comprensione interiore
Yoga per il corpo, la mente e lo spirito

Osho

ORME SULLE RIVE DELL'IGNOTO

Traduzione di
Ma Deva Yama e Swami Anand Videha

OSCAR MONDADORI

Titolo originale dell'opera: *Walk without feet, fly without wings and think without mind* (capp. 5-8)

I edizione Piccola Biblioteca Oscar giugno 2000
I edizione Oscar varia marzo 2001
I edizione Oscar spiritualità febbraio 2009

ISBN 978-88-04-59020-0

Questo volume è stato stampato
presso Mondadori Printing S.p.A.
Stabilimento NSM - Cles (TN)
Stampato in Italia. Printed in Italy

Anno 2009 - Ristampa 7 8 9 10 11 12 13

Orme sulle rive dell'ignoto

1

«Vivo nel paese della serietà, imprigionato dai suoi confini. Puoi disegnarmi una mappa che conduca alla terra del gioco che tu dici essere il naturale destino nostro e della vita? Ho forse un gene difettoso? Non riesco a trovare la mia risata e la mia leggerezza. Le posso vedere attorno a me, ma non dentro di me.»

Una mappa che conduca alla terra del gioco non può esistere. Tutte le mappe conducono alla serietà. La giocosità subentra quando tutte le mappe sono state bruciate. Non esiste strada che possa portare alla giocosità, perché questa non è una meta, e non può esserlo. Quando ti dimentichi le mete, e non ti dirigi verso luogo alcuno, quando abbandoni l'idea stessa di andare da qualche parte, allora la giocosità del qui e ora comincia a crescere dentro di te, comincia ad accaderti. La giocosità non è là e allora: è qui e ora. Come può esservi una mappa? Non si deve andare da qualche parte: devi solo essere.

La serietà è orientata verso una meta. E quando una persona seria comincia a giocare, ne trasforma la qualità: perfino il gioco diventa una gara, non è più un gioco. Questa è la differenza. Quando un gioco diventa serio, diventa una gara.

La gente va ad assistere agli incontri di lotta libera e di pugilato, alle corride e al football americano: cose disgustose, violente, inumane. Gli spettatori sono immaturi, e un po' perversi. Immaturi quanto i gladiatori in campo. In un certo senso è come se ambedue vivessero una catarsi: con la scusa del gioco si liberano del proprio pattume interiore, vomitano la propria violenza.

Questo è un mondo molto, molto violento! Ecco perché non può esserci amore. Quando gli esseri umani saranno davvero tali, non ci sarà posto per il pugilato e le corride, queste forme d'intrattenimento diventeranno parte della storia. La sola idea che la gente accorra a frotte per assistere a una corrida è abnorme, disgustosa. Ma la gente è seria; trasforma anche il gioco in serietà.

Nel gioco il risultato non conta, esiste solo la bellezza della condivisione! Il puro e semplice condividere è fine a se stesso! In un mondo migliore, e più comprensivo, non ci sarà posto per le competizioni; si giocherà e basta. Non ci saranno né vincitori né vinti, perché il concetto stesso di vincere e di perdere è inumano. Non ce n'è bisogno. Perché non godersi il semplice essere insieme, senza dover fare calcoli, senza bisogno di punteggi, senza dover raggiungere alcun risultato?

Se amate il calcio, giocate a calcio! Divertitevi! Non cercate risultati. Quando questo diventa il fine, si diventa seri, si distrugge il gioco: in pratica diventa un affare. Godetevi la vostra energia che si esprime. Godetevi il momento, non sacrificatelo a nulla.

Questo è il significato di *lila*, questo è giocosità. Ma voi vi innamorate e l'amore diventa una cosa seria, cominciate a pensare al matrimonio, ai bambini e alla famiglia: tutto si svilisce! Anche se quelle cose poi accadono, lasciate che siano una conseguenza, non risultati. Certo, se amate una donna, desiderate stare con lei: questo *è* il matrimonio, e non dovrebbero esistere altri modi di concepirlo. Ma è un'idea che non deve neppure sfiorare la mente, perché vi riporta a terra; ogni poesia viene distrutta. Il vostro incontro amoroso diventa una routine mondana, la storia d'amore ne viene distrutta.

Eppure, nel momento stesso in cui vi innamorate, la mente comincia subito a tessere e a filare... pensa alla famiglia, a come creare la *tua* famiglia. Che bisogno c'è di avere una famiglia *tua*? La gente possiede oggetti e perfino persone. Si può perdonare il possesso delle cose, ma come perdonare il possesso delle persone? Dite «mia moglie», «mio marito», «mio figlio»: cosa avete fatto per affermare che questo figlio è vostro? Chi siete? Cosa c'entrate? Siete in grado di creare un bambino? Potete concepirlo secondo i vostri desideri?

Un bambino arriva dall'ignoto, è un dono. Voi non ne siete i creatori, come potete possederlo? Il bambino non assume forma ed essere in base al vostro volere. Lo desideravate bellissimo e arriva uno *gnao:* e malgrado ciò continuate a chiamarlo «il mio bambino». Siete stati un mero canale, un passaggio nel grande gioco dell'esistenza.

Alla stregua di tutti i movimenti di liberazione, come per esempio quello femminile, se ne dovrebbe istituire uno nuovo: il movimento di liberazione dei bambini. A nessuno dovrebbe esserne concesso il possesso. Dovrebbe essere vietato! Nessuno dovrebbe poter dire «il mio bambino». Tutti i bambini sono di Dio. Vi è solo concesso esserne i custodi, potete solo prendervene cura, null'altro. E dovreste essere grati per essere stati nominati custodi di una nuova vita che si schiude. È più che sufficiente! Godetevi questo gioco! Il gioco del custode: prendetevi cura del bambino, non siate possessivi... ma la vostra mente lo è. Il possesso si è radicato profondamente dentro di voi, fino a diventare il più grosso deterrente alla crescita dell'essere umano.

Quando l'amore è possessivo, diventa esclusivo. Porta a dire: «Questa donna è mia, e solo mia!», per cui non le è più concesso ridere con nessun altro, né stare mano nella mano con nessun altro, né guardare nessun altro negli occhi. Che assurdità! Perché? Chi sono io per possedere? E come può l'amore essere possessivo?

L'amore include sempre, non esclude mai. Se amo una donna, amerò anche vederla gioire in mille modi, con mille persone diverse. Vorrò vederla felice. Sarà la mia gioia. Non sarò geloso se ballerà felice con un altro. Io l'amo! Come posso essere geloso? La sua felicità mi inebria. Ma se affermi che lei è *tua* moglie, non puoi permetterlo. Cominci a menomarla. E lei ti paralizza di rimando, per vendicarsi. Vi distruggete a vicenda.

L'amore è la più potente energia creativa, ma finora è stato una gran sfortuna, la più grande disgrazia. La gente non è stata uccisa dall'odio: è stata uccisa dall'amore. La vita non è diventata amara a causa della rabbia: lo è diventata a causa dell'amore.

Combattete per amore di una donna o di un uomo; combattete in nome dell'amore della famiglia o del clan. Combattete in nome dell'amore di un ideale o di una religione; combattete per la madrepatria. Continuate a combattere per amore! Tutti gli omicidi, tutte le uccisioni, tutte le sofferenze, di qualsiasi tipo esse siano, esistono a causa del vostro presunto amore.

C'è qualcosa di fondamentalmente sbagliato nel vostro amore. Il vostro amore è una fissazione, non un fluire giocoso. È un affare serio, esclusivo, possessivo. Colmo di stupidità. Dovreste essere in grado di vedere tutte queste cose, e il semplice vederle vi permette di iniziare a rilassarvi. Iniziate a comprendere le conseguenze di quel punto di vista, e questo vi permette di rilassarvi: in voi sorgerà una consapevolezza nuova.

Certo... mi sorprende vedere un uomo cui è morta

la moglie, che ancora piange e si dispera: la sua amata è morta. Ma perché questo monopolio? Con tante belle donne al mondo! Non ha senso. Perché trasformare il resto della tua vita in un incubo, solo perché tua moglie o tuo marito è morto; non riesci più ad amare? È davvero così piccolo il tuo amore? È una fissazione così ossessiva? Era un sentimento nevrotico, di certo non era un sentimento sano; altrimenti, quando il marito muore, sarà naturale essere tristi, ma comunque si dirà addio all'amato per continuare a vivere. Non si sacrificherà la propria vita... sacrificarla è pericoloso. Se lo fai, diventando un martire, ti vendicherai della vita stessa; creerai un senso di colpa nei tuoi figli, e in tutti coloro che ti circondano. Soffrirai! E quando si soffre, si creano intorno a sé vibrazioni di sofferenza.

Tutto ciò non ha senso! Il mondo è pieno di gente, perché crearsi una fissazione? Essa però è lì sin dall'inizio: nel momento stesso in cui il bambino dice «mia madre», e la rende felice, inizia la fissazione: da quel momento, il bambino resterà fissato, legato a lei per tutta la vita.

Quando si è piccoli si dipende dalla madre, è naturale; e i genitori sfruttano tale dipendenza a oltranza. Il bambino è inerme, ed è totalmente soggetto alla volontà dei familiari, non può sopravvivere da solo; pertanto deve appoggiarsi al padre e alla madre. Questa sua impotenza viene sfruttata. Il bambino sa che morirà, se la madre se ne va; senza la madre, sa di non poter restare in vita. Questa idea si annida sempre più in profondità... sostenuta dalla madre che gode di questa situazione che potenzia il suo ego: «Non puoi vivere senza di me». Spesso lo minaccia: «Ascoltami, altrimenti ti lascio, me ne vado per sempre, oppure muoio... *allora* vedrai!». Il bambino rimane profondamente scosso, perché senza di lei morirebbe.

A poco a poco, tutto ciò diventa un condizionamento. Più tardi, quando sarà un adulto, si rifletterà in tutti i suoi rapporti. Avrà gli stessi pensieri nei confronti della moglie: se non ci fosse, lui non potrebbe sopravvivere. Il pensiero diventa inconscio. Si rifletterà in ogni aspetto della vita: «Se perdo questo lavoro sono distrutto. Se perdo questa casa, dove andrò a finire? Se perdo tutti i soldi che ho in banca che ne sarà di me?». Tutta la sua vita diventerà una fissazione, e si trasformerà in una lunga e inutile sofferenza. Ora non è più un bambino, ma rimane infantile a causa di questo condizionamento.

Vi innamorate, ma diventate subito seri e il sentimento si trasforma in amarezza. Cominciate a pensare al futuro – al matrimonio, ai bambini, alla sicurezza – e così distruggete il gioco, lo trasformate in una gara: diventa una partita molto pericolosa. E sicuramente perderete; non vince mai nessuno.

Quando si gioca vinciamo sempre tutti. Quando si è seri non vince mai nessuno: perdiamo tutti!

Venite da me per imparare a meditare, e subito diventate seri. Io continuo a insistere: non siate seri. La meditazione può esistere solo nel gioco, nella giocosità più totale, quando non cercate nulla, quando state semplicemente ballando o cantando; quando non chiedete e l'attività è fine a se stessa, senza un futuro, senza una meta... allora accade. La meditazione è un accadere. Non potete strapparla dalle mani di Dio. Non potete né desiderarla né averla, ma fare soltanto un'unica cosa: divenire una mano aperta, pronta a ricevere, e questo accade quando si è giocosi.

La meditazione è divertimento! Il termine stesso, se associato alla meditazione, sembra assurdo: meditazione e divertimento? Fin dai tempi più remoti vi è stato insegnato che questa è la cosa più seria: andate in chiesa e diventate seri, anche se non lo siete; assumete una faccia di circostanza, un muso lungo, in modo che si veda che siete in chiesa.

Non ridete, non danzate, non giocate, non siete scherzosi! È una cosa seria. Siete al cospetto di Dio!

Questo Dio è davvero strano! Non permette la risata, non permette la danza, non permette la gioia, non può neppure permettere l'amore. Il Dio dei vostri avi era vendicativo, geloso e violento: pronto a schiacciarvi, a distruggervi e a gettarvi nelle fiamme dell'inferno. Il concetto stesso di Dio era orribile.

Con me dovrete imparare un linguaggio nuovo: la meditazione è divertimento, la preghiera è amore e risate; il tempio, la chiesa e la moschea sono luoghi dove gioire e inebriarsi di vita; luoghi dove tenersi per mano e danzare, dove condividere ciò che Dio vi ha donato, luoghi dove essere totalmente immersi nel presente. Questo è il significato del divertimento, il significato della risata e della gioia: essere totalmente immersi nell'istante, come se non ne dovesse esistere un altro. Come potete mettervi alla ricerca di un risultato? Perché pretenderlo? Per poter esistere, il risultato necessita di un ulteriore momento nel futuro.

Siate come i bambini, che danzano, cantano e strillano, e Dio verrà a voi di soppiatto. Improvvisamente vi accorgerete che vi circonda; improvvisamente vi accorgerete che non tenete, fra le vostre, le mani di una donna: è Dio che tiene le vostre mani tra le sue; non tenete, fra le vostre, le mani di un uomo: si tratta di Dio. Immersi negli occhi dell'altro, nel gioco e nella gioia, cadrete all'improvviso in una profondità sconosciuta a voi, e anche alla vostra mente. Sparirete nelle profondità di un abisso.

Ecco cos'è Dio! Dio non esiste nelle Sacre Scritture; egli è negli occhi della gente, nei fiori, nei fiumi e nella Luna. Dio è iscritto ovunque! Non rivolgetevi alle Sacre Scritture. E se non riuscite a trovarlo nella vita degli alberi, verdi rossi e dorati non lo troverete neppure nella *Bibbia*, nel

Corano e nei *Veda*. Come potete trovarlo là, se non siete in grado di trovarlo qui? Una volta che lo avrete trovato qui, lo troverete ovunque... egli sarà in ogni luogo.

Una volta trovato, Dio è dappertutto; ma dovrete trovarlo nella vita, nel gioco, nel divertimento. Il gioco vi rende vivi al massimo. La serietà è menomante; vi rattrappite, vi gelate; vi chiudete, vi isolate. Diventate egoisti. Questo è il motivo per cui la serietà è tanto cara alla gente: perché la serietà vi dà un ego, mentre la giocosità ve lo toglie.

Tu dici: «*Vivo nel paese della serietà, imprigionato dai suoi confini*».

In quanto "io", puoi solo esistere nella terra della serietà; e in quanto "io" puoi solo esistere imprigionato dai suoi confini. Se vuoi giocare il gioco della vita, dovrai abbandonare l'idea dell'"io". L'"io" non può giocare; resiste al gioco perché questi è la sua morte. L'"io" è sempre serio.

Non l'avete mai notato? Guardatevi dentro mentre ridete: l'"io" scompare. Questo è il motivo per cui le persone egoiche non ridono mai, è impossibile! Quando danzate, arriva un momento in cui l'"io" scompare. Ma le persone egoiche non ballano: non possono permettere all'"io" di scomparire. Naturalmente rimangono confinate, sono prigioniere. Ma è una loro scelta.

Se volete conservare l'ego, dovrete accettare la prigione, dovrete accettarne i confini. Se desiderate un ego sempre più grande, la prigione diverrà a sua volta sempre più angusta, e le sue mura sempre più strette. Se aspirate all'ego più grande del mondo, vi ridurrete a essere una prigione, sarete circondati da una muraglia cinese, vivrete in una camicia di forza, dietro a una cortina di ferro.

Ma se volete essere vivi, dovrete lasciar andare l'ego. L'ego distrae dalla vita.

Mi chiedi: «*Vivo nel paese della serietà, imprigionato dai suoi confini. Puoi disegnarmi una mappa che conduca alla terra del gioco che tu dici essere il naturale destino nostro e della vita?*».

E ancora mi chiedi una mappa... quella è una cosa seria. Io non ne ho. Se vuoi delle mappe dovrai rivolgerti ai preti e alla Chiesa: loro ne hanno. Non è una metafora! Nei templi indiani esistono diverse mappe del paradiso, dell'inferno, dei percorsi per arrivarci, e di tutto ciò che vi troverete... l'intera geografia celeste. È spiegato chi è chi, dove si trovano la dimora di Dio e quella dei santi; troverete tutto illustrato nei dettagli.

È stata disegnata l'intera cartografia: assolutamente immaginaria! Dio non può essere confinato in una mappa. Il paradiso non ha mappe, e neppure l'inferno; non si tratta di luoghi geografici, bensì di stati psicologici. Quando siete seri, vi trovate all'inferno; la serietà è l'inferno, la giocosità è il paradiso.

Mi chiedi: «*Puoi disegnarmi una mappa che conduca alla terra del gioco che tu dici essere il naturale destino nostro e della vita? Ho forse un gene difettoso?*».

No, nessuno ha un gene difettoso. E un gene difettoso non crea il problema: il problema deriva dall'ego. E l'ego non ha nulla a che fare con il corpo, è un atteggiamento mentale.

Tu hai una mente ed è questo il tuo difetto. Non voglio dire che tu abbia una mente difettosa: il difetto sta nella mente stessa; dovrai lasciarla andare. E lasciandola cadere, abbandonandola, all'improvviso ti renderai conto di essere sempre stato nella terra del gioco; non l'avevi lasciata neppure per un istante, nessuno può lasciarla. Ce ne possiamo solo dimenticare. Diventiamo seri e ce ne dimentichiamo.

Siete ancora i bambini che giocano sulla spiaggia; bambini che cercano conchiglie. Siete ancora bambini che raccolgono fiori di campo; bambini che tentano di acchiappare una farfalla. Quella purezza della fanciullezza è ancora presente; nessuno ve l'ha tolta: è stata semplicemente offuscata dalla serietà, dall'ego e dalla mente. È presente! Il masso blocca il fluire della sorgente, ma la sorgente è sempre al suo posto, non è scomparsa. Togliete il masso e la sorgente riprenderà a fluire in tutto il suo splendore.

Tu dici: «*Non riesco a trovare la mia risata e la mia leggerezza*».

Se le cerchi, non le troverai mai. Cercare, e lo sforzo insito nella ricerca, sono cose serie. *Esse sono qui!*: non hai bisogno di trovarle. Comincia a goderne! Comincia a essere spensierato in questo stesso istante! Non sforzarti di trovarle, perché in quello sforzo resterai serio. Come può un ricercatore non esserlo?

Stai cercando la felicità, la risata e la gioia; devi essere serio per forza, altrimenti come farai a cercare. Mentre cercherai, rimarrai serio e questa serietà aumenterà a ogni istante. Domani ti metterai di nuovo alla ricerca; ma sarà passato un altro giorno... ti peseranno sulle spalle altre ventiquattr'ore di condizionamento alla serietà. Domani troverai meno risate; dopodomani sarà ancora più difficile... e così via. E sarai sempre teso alla ricerca, nello sforzo di trovare.

Sii spensierato ora, in *questo* istante! Comprendi il mio punto di vista! Non rimandare... questi sono trucchi per rimandare a domani. Tu *non vuoi* essere felice; vuoi ancora rimanere infelice. Ancora cerchi delle scuse per essere infelice. Questa è solo una scusa: «Sto cercando la felicità, sto cercando la gioia. Ora sono infelice. Sarò felice quando la troverò... come posso essere felice adesso? Prima devo trovarla, ma il viaggio è lungo, il sentiero arduo e in salita». Così puoi essere felice nella tua infelicità in questo stesso istante, e domani vedremo... e il domani non arriva mai.

Non cercare di rimandare: questi sono trucchi della mente, non fa che inventarne di nuovi. Sii felice! Ridi! Balla! All'inizio potrà sembrarti un po' strano, perché da tanto, troppo tempo non ridi più. Le tue labbra potranno aver perso la loro elasticità. Ma la risata verrà... da' una possibilità alle tue labbra di riprendersi. Non possono averne perso il ricordo. Dimenticato forse, ma tornerà!

Non ci si può dimenticare di come si ride. È come il nuoto: non si dimentica. Una volta appreso si ricorda per sempre. Potreste non andare al fiume per cinquant'anni; e dopo cinquant'anni improvvisamente vi ritrovate a nuotare. Non occorre neppure ricordarsi.

Quando eravate bambini ridevate; ogni bambino nasce ridendo, e solo alcuni fortunati riescono a morire ridendo. Una persona che muore ridendo si è realizzata. Ma se vuoi morire ridendo, dovrai anche vivere ridendo.

Una volta è venuto a trovarmi un vecchio parsi che mi confidò: «Sai, c'è un bellissimo aneddoto su Zarathustra... si dice che sia nato ridendo».

Ho risposto: «Non è una cosa speciale, ogni bambino nasce ridendo».

Zarathustra è solo un simbolo. Ogni bambino nasce pieno di vita, colmo di gioia! Carico di tantissima energia, con un amore immenso per la vita, con infinita curiosità, meraviglia e stupore per le cose più insignificanti. Ogni bambino è un avventuriero, un esploratore. E ogni bambino è nato con un gran coraggio e una spinta verso l'ignoto. Noi lo menomiamo. Lo fermiamo. Glielo impediamo. Cominciamo a educarlo, e tutto ciò che chiamiamo educazione altro non è che la distruzione di tutte le potenzialità con cui era nato, gli lasciamo dei pic coli pertugi in cui vivere, e gli togliamo la vastità del cielo, relegandolo in un piccolo angolo di mondo.

Era nato come ogni uomo, ogni donna, ogni animale, ogni albero, ogni fiume, ogni montagna. E noi cosa ne facciamo? Gli togliamo tutto ciò che si era portato appresso; lo trasformiamo in un medico, un ingegnere, un uomo d'affari, un soldato, un politicante: lo confiniamo. Era nato come un Tutto, infinito; con ogni alternativa a disposizione. Noi le eliminiamo tutte, lasciandogliene una sola. Lo uccidiamo! Permettiamo solo a una infinitesima parte del suo essere di vivere.

Pensate a un uomo d'affari: vive solo come un uomo d'affari. Mattina, pomeriggio, sera e notte vive sempre allo stesso modo. Sogna gli affari, ne parla, ne legge: tutta la sua vita diventa un affare. Cosa gli avete fatto? Quale disgrazia gli è capitata? Non può essere nient'altro. Non sa più come rilassarsi. Non sa come uscire dal pertugio in cui ha iniziato a vivere: lo chiama business, dottorato, ingegneria, politica, insegnamento.

Un uomo dovrebbe essere fluido; dovrebbe poter essere qualsiasi cosa. Non dovrebbe vivere secondo un'unica modalità; dovrebbe avere la capacità di vivere come l'umanità intera: passata, presente e futura. Si dovrebbe vivere come una totalità: a dimensione multipla, non univoca, non lineare. Vivere in modo lineare equivale a vivere una vita assai povera!

Non è necessario! Ma noi siamo focalizzati su questi angoli angusti, legati a prospettive limitate che chiamiamo le nostre menti, ego, questo e quest'altro. Siamo assolutamente ossessionati dai nostri pertugi, da queste caverne, per quanto sporche, buie, tristi e anguste siano. Eppure ci siamo abituati a tutto questo e abbiamo paura degli spazi aperti, del cielo, del sole e della sabbia; non lasciamo mai i nostri pertugi. Ecco perché abbiamo perso il gusto della risata.

Abbiamo perso il gusto della vita! Come può esserci risata se non c'è vita? Il vostro spirito è morto. Ed è un vero miracolo... coloro che definite spirituali, sono proprio le persone meno dotate di spirito: e voi continuate a chiamarle «spirituali!». Una creatura spirituale è, secondo la mia definizione, una persona dotata di spirito, che vive la vita con passione e intensità; che vive al massimo del proprio potenziale e non al minimo, la cui esistenza non è tiepida.

Sii coraggioso! E la risata seguirà. Sii coraggioso, e vivi con intensità! Allora non avrai bisogno di chiedere come essere giocosi. La giocosità scaturisce spontaneamente dalla pienezza e dalla totalità, perché, quando si vive al massimo delle proprie potenzialità, si comincia a traboccare. Questo traboccare delle energie è giocosità: non ci sono né mappe, né tecniche. Solo comprensione.

La seconda domanda: «*La civiltà umana sta collassando ovunque, in tutto il mondo. Cosa puoi dirci in proposito?*».

Gioite di quel collasso!

2

«Perché "seguire il flusso della vita, fluire" mi fa sentire in colpa? Per favore, parla del senso di colpa.

È forse il fattore colpa a rendere il fluire così poco attraente?»

Il senso di colpa è uno dei problemi più grandi con cui tutti si devono confrontare. L'intero passato dell'umanità è intriso di colpa. Ogni generazione continua a passare le sue malattie a quella successiva; ecco perché i mali dell'umanità continuano ad aumentare sempre più, è ovvio: il carico aumenta con ogni generazione, e ciascuna ha un fardello più pesante della precedente.

Il senso di colpa è stato una delle principali strategie utilizzate dai preti per sfruttare la gente. I preti non possono esistere senza la colpa. Ricorda, quando ti senti in colpa, c'è un prete che ti sta accanto. Quando ti senti in colpa, le mani del prete ti stringono alla gola, ti sta uccidendo. Il senso di colpa, come dicevamo, è una strategia per sfruttare, manipolare e rendere schiavi.

Cerca di comprenderne il meccanismo. Solo la comprensione potrà aiutarti a uscirne. Cos'è esattamente la colpa?

Innanzitutto è una condanna alla vita; un atteggiamento negativo nei suoi confronti. Ti è stato detto che in essa c'è qualcosa di fondamentalmente sbagliato, ti è stato detto che sei nato nel peccato. Dalla vita – né quella tua, né quella degli altri – non può scaturire nulla di positivo. Su questa Terra non c'è posto per la bontà. La bontà è accanto a Dio. Devi trovare un redentore – un Cristo, un Krishna – che ti possa salvare da te stesso e portare a Dio.

La vita non vale la pena di essere vissuta – evita di vivere! Se vivi affonderai sempre più nel peccato –, la vita è peccato. Evitala. Ritirati dalla vita. E ogni volta che te ne senti attratto, spunterà il senso di colpa. Comincerai a sentire che stai per fare qualcosa di sbagliato.

E la vita è bellissima! Ha un immenso potere di attrazione. È naturale esserne attratti. È naturale essere innamorati. È naturale godere, ridere, danzare. Ma tutto ciò che è naturale è stato condannato: per vivere, bisogna andare contro natura, questo è ciò che vi hanno insegnato dai tempi dei tempi.

I puritani hanno avvelenato le sorgenti naturali della vita; vi hanno messo contro voi stessi! Hanno creato una scissione all'interno del vostro essere. Non potevano corrompere il vostro corpo, ma hanno corrotto la vostra mente e questa è allineata ai preti, e il corpo alla natura, e non c'è alcun punto di incontro.

Il corpo anela ai godimenti terreni, a tutte le gioie della vita. Il corpo sostiene la vita, la mente la nega. La mente è il portavoce del prete: cristiano, indù e giainista. Continua incessantemente a esprimersi nel suo linguaggio; continua a ripetere: «Questo è sbagliato!». Se provate piacere nell'assaporare il cibo, nella mente echeggia la voce del Mahatma Gandhi: «Non si deve provare piacere. È sbagliato. Godere è peccato».

Nell'ashram del Mahatma Gandhi una delle regole principali era *aswad*: assenza di sapore. Il cibo doveva soddisfare solo le esigenze corporee, ma doveva essere totalmente privo di sapore, perché non se ne godesse il gusto o il profumo. Il cibo veniva letteralmente distrutto, in modo da annullarne il sapore; e si doveva distruggere anche la lingua, in modo che perdesse la sua capacità gustativa. Quando non si assapora più, si diventa un mahatma.

Lo stesso valeva per molte altre cose: innamorarsi equivaleva a sprofondare nel peccato, era sbagliato. Una donna, oppure un uomo, con un volto piacevole, che stuzzicassero la vostra fantasia, provocavano una gran colpa; non rientrava nei canoni religiosi: che fare?

Da sposati, era ancor peggio. Avevate moglie e quindi un impegno verso di lei. Ebbene, non si poteva neppure apprezzare un'altra donna che non fosse la propria. Se l'aveste fatto sareste rientrati a casa sentendovi in colpa. Senza aver fatto nulla! Avevate solo visto passare una bella donna.

Tutto questo è qualcosa di abnorme: vi sareste sentiti in colpa; vi sareste messi sulle difensive. Una volta a casa, avreste cercato di nascondervi. Non avreste permesso a vostra moglie di sapere che eravate contenti per aver visto una bella donna: perché parlarne avrebbe causato dei problemi. E perché mai crearne? Avreste mentito. E quando mentite, di nuovo vi sentite in colpa a causa della menzogna: non si deve mentire alla moglie. E passo dopo passo... una colpa ne crea un'altra fino alla nausea. La cosa continua senza fine. In questo modo vi caricate di colpa; la portate in spalla come fosse un Himalaya, ed essa grava sul vostro cuore.

Tutto è stato condannato, letteralmente! E se non ne comprendete il meccanismo, non vi libererete mai dal senso di colpa. Dovete comprendere come i preti hanno dominato il genere umano, creando la schiavitù, una schiavitù sottile, proprio grazie al senso di colpa. Non sono le mani o i piedi a essere incatenati, bensì la vostra anima.

Libertà dalla colpa significa libertà da tutti i preti. Libertà dal senso di colpa è libertà da qualsiasi passato. Essere liberi dalla colpa significa invece divenire uno, poiché in questo caso scompare la scissione interiore. Essere liberi dalla colpa significa lasciar cadere la schizofrenia. E non c'è gioia più grande, perché a quel punto smettete di lottare contro voi stessi. Cominciate a vivere.

Come potete vivere, mentre lottate continuamente? È impossibile vivere se perpetuate questa guerra interiore. Solo quando abbandonerete la lotta sarà possibile vivere. La vita allora assumerà il proprio ritmo e la propria melodia. E la vita è una tale benedizione! E solo in quell'armonia, quando diverrete integri, privi di colpa, senza repressioni e senza tabù, privi di inibizioni, liberi dall'interferenza dei preti – indù, cristiani, musulmani –, quando starete in piedi sulle vostre gambe, senza ingerenze, maestri di voi stessi, solo allora potrete contattare Dio.

I preti l'hanno reso impossibile! Se non siete in grado di contattare la vita, come potete contattarne l'abbondanza? Se non riuscite a contattare i fiori, come potete contattarne il creatore? Se non riuscite a contattare la bellezza, la gioia e l'amore, come potete contattare colui dal quale queste qualità scaturiscono, fluiscono? È impossibile. I preti l'hanno reso impossibile.

I preti sono la causa alla base della mancanza di religiosità. Se non saranno distrutti, insieme alle vecchie chiese e alle vecchie religioni, il mondo non conoscerà religiosità.

Io vi insegno una nuova religione! Non si tratta di cristianesimo, induismo, giainismo, o buddhismo. Vi insegno una religiosità diversa, priva di sensi di colpa, di tabù e di repressioni. Vi insegno la religione della gioia, dell'accettazione, della naturalezza e della spontaneità.

Tu mi chiedi: «*Perché "seguire il flusso, fluire" mi fa sentire in colpa?...*».

Perché quando segui il flusso della vita, ciò che vivi ti fa sentire felice, ecco perché. E non ti puoi concedere la felicità. Essa è stata associata al senso di colpa. Ritorna alla tua infanzia, lì troverai le cause. Ricordati solo questo: torna indietro e cerca di comprendere ciò che è successo allora.

Un bambino appena nato non ha coscienza della colpa; è selvaggio e primitivo. È questa la gioia che danno i bambini piccoli. Sono integri, non sono ancora stati civilizzati. Non sono ancora stati toccati da questo male chiamato civiltà, ecco perché hanno tanta energia e tanta capacità di fluire. Un bambino scorre, vibra; è come una grossa dinamo, una danza. Non riesce a contenersi, è stracolmo, trabocca. Non potete far sedere un bambino in silenzio. Come mai? Perché ha così tanta energia, è così incontenibile.

Il bambino vuole godere ogni cosa, e i genitori si sentono in colpa. Il bambino vuole urlare, è una cosa che gli piace; è il suo modo di esprimersi, la sua creatività. Se quell'urlo venisse sostenuto anziché essere distrutto, diverrebbe la sua canzone: quello è l'inizio del canto. Ma noi lo blocchiamo. «Non urlare!» diciamo «è brutto, è da maleducati. Non si fa. Appartieni a una famiglia perbene, antica e rispettata: non devi fare così. Questo è un comportamento da ragazzo di strada, non da te. Tu ci rappresenti: guarda come siamo composti. Noi non gridiamo mai, e tu stai urlando.»

Il bambino si divertiva moltissimo. Bloccando il suo urlo avete condannato la sua gioia: questo è ciò che comprenderà a livello esistenziale, nel profondo del suo essere. Cosa succederà? Non è in grado di capire perché sia sbagliato strillare; la sua mente non è ancora in gra do di comprendere questo tipo di assurdità. Comprende invece il proprio divertimento; comprende che strillare dà gioia, fa fluire. Si sente elettrizzato, alle stelle. Strillare mette in moto l'energia, lo fa sentire come un fiume in piena, una forza ruggente, un'onda gigantesca che travolge ogni ostacolo.

E quando voi dite: «Non urlare, non sta bene», in realtà cosa state affermando? Come lo interpreterà il bambino? Penserà: "La mia gioia non è accettata".

Il bambino non vuole andare a dormire: si sente così vivo, e voi lo forzate a letto. Tenta di scappare. «Non ho sonno,» dice «non voglio andare a letto, voglio giocare ancora un po'.» Ma voi non gli date retta. «È ora di andare a dormire» rispondete.

Cosa state facendo in realtà? Lo rifiutate: negate la sua comprensione istintiva. Come si può obbligarlo a dormire, se lui non sente di aver sonno? È impossibile. Potete costringerlo, e lui si rannicchierà piangendo sotto la coperta sentendosi rifiutato, non accettato dalla famiglia, in colpa perché non riesce ad addormentarsi secondo il volere materno. Ebbene, cosa può fare? Il sonno non arriva.

E al mattino, quando è stanco e vorrebbe dormire ancora un pochino, voi lo trascinate fuori dal letto, dicendo: «Svegliati, è ora di alzarsi». Mentre lui vorrebbe dormire un po' più a lungo.

Ebbene, voi interferite sempre: quando è gioioso, interferite; in un modo o nell'altro, non fate che fargli sentire in continuazione che la sua gioia è qualcosa di sbagliato.

Tutto questo inizierà a circolare nel suo sangue. Ed è ciò che è successo anche a te. Pertanto, ogni volta che segui il flusso, pensi che ci sia qualcosa di sbagliato. Sei felice? Immediatamente senti la voce di tua madre: "Cosa fai? Sei felice? Mi tradisci? Tradisci tuo padre, la tua famiglia? Guarda come stiamo composti noi: ti sembra giusto tradire tua madre? Guarda come siamo seri, e tu che fai? Segui il flusso? Fluisci? Non è mai successo a casa nostra! E non dovrebbe succedere mai".

Cominci a sentirti in colpa. Osserva quando arrivano i sensi di colpa, ascolta in silenzio... troverai le voci dei tuoi genitori, di tua madre, di tuo padre, del tuo insegnante, che dicono: «Questo non sta bene».

Quando fai l'amore con un uomo, ti senti in colpa, perché tua madre ti ha detto che era sbagliato, questo è il peccato più grave. Quando cominci a fare l'amore, hai la sensazione che ci sia qualcosa che non vada: al tuo fianco ci sono tua madre e tuo padre, ed è così imbarazzante con i genitori accanto... e tu stai facendo l'amore?! Cosa stai facendo? Fermati!

Forse non ti fermerai, ma non sarai del tutto te stesso, il che è molto peggio che fermarsi. È meglio fermarsi. Ma anche questo non lo puoi fare, perché altrimenti l'organismo intero ne rimarrebbe sconvolto. E non puoi neppure entrarci totalmente perché la mente dice che è sbagliato. Pertanto continui a malincuore, sei diviso a metà, ed è come se esistessi in una specie di limbo. Non entri mai nella totalità del fare l'amore... e non raggiungi mai alcun appagamento. Ne ricavi solo un'ulteriore frustrazione; di nuovo senti di aver fallito ancora una volta, ecco tutto. Ancora una volta non è successo.

E cominci a chiederti se questo orgasmo sia solo un'invenzione, un'invenzione di gente masochista, oppure sadica, il cui solo intento è torturare le persone, visto che a te non succede mai!

Sarai sorpresa: questo è il primo momento storico, come minimo dopo cinquemila anni, in cui alcune donne riescono a raggiungere l'orgasmo. Per cinquemila anni non l'hanno *mai* provato. E accade solo in Occidente, non ovunque. Non ho mai incontrato una sola donna indiana capace di provare l'orgasmo: non ha mai neppure sentito questo termine. Nelle lingue dell'India non esiste; visto che l'orgasmo non esisteva, non era neppure necessaria una definizione. E anche in Occidente, solo il dieci-dodici per cento delle donne sono capaci di provare l'orgasmo. È davvero qualcosa di orribile!

E che dire degli uomini? Credete forse che loro lo provino? L'eiaculazione non è orgasmo. L'orgasmo è un fenomeno molto, molto diverso. L'uomo si può ingannare facilmente perché prova l'eiaculazione e pensa si tratti dell'orgasmo, non è così. L'eiaculazione è un fenomeno localizzato, un semplice meccanismo fisico; uno sfogo, un sollievo, ma nulla di più.

L'orgasmo è estasi. È perdersi in uno spazio senza tempo. Accade quando tutto il corpo vibra travolto da un'energia ignota, che non avete mai conosciuto. È uno stato molto vicino a Dio.

Il termine «orgasmo» deriva da *orgia*, una cerimonia religiosa pagana, in cui la gente andava in estasi e diveniva talmente estatica da colmare il proprio corpo di energia divina in cui poi si perdeva: questa era l'*orgia*. Era un rito religioso; qualcosa di simile al Tantra. Era dionisiaco. È da questa cerimonia che deriva il termine "orgasmo".

Anche gli uomini raramente lo provano. Quando il corpo intero pulsa, non solo gli organi sessuali ma l'intero corpo, dalla testa ai piedi, diventa un orgasmo: diventate un organo sessuale... questo è il simbolo di Shiva; sicuramente in India avrete visto lo Shiva-linga. Vi sarete forse chiesti dove siano gli occhi, il naso, la bocca, le gambe, e cosa rappresenti questa immagine?

È il simbolo dell'orgasmo: quando l'intero corpo diventa un organo sessuale. Gli occhi, la bocca, il corpo, la mente, tutto scompare nella sessualità, nella sensualità, in una sorta di immensa sensibilità. È questo il significato dello Shiva-linga.

L'orgasmo è diventato impossibile perché non riuscite più a lasciarvi andare totalmente al flusso. E l'impossibilità di provare l'orgasmo ha dato vita a centinaia di malattie. Wilhelm Reich asserisce a ragione che quasi il novanta per cento delle malattie mentali sparirebbe *immediatamente* – come gocce di rugiada al sole del mattino – se fossimo in grado di restituire al genere umano la capacità orgasmica.

Le malattie mentali esistono perché l'uomo ha dimenticato come rinnovarsi in Dio, come affondare nell'energia divina per risorgere. Queste energie bloccate stanno creando problemi. Ma oggigiorno... inizialmente la colpa è stata opera dei preti, ora gli stessi psicanalisti sono contro Wilhelm Reich: infatti, che fine farebbe la psicanalisi se sparissero il novanta per cento dei disordini mentali? Se Reich avesse ragione che ne sarebbe dei freudiani, degli adleriani, degli junghiani e di tutti gli altri... che ne sarebbe? Reich, uno dei più grandi geni della nostra epoca, un individuo che ha avuto un'intuizione preziosa, è stato dichiarato pazzo, e imprigionato a forza. Ma questo è ciò che facciamo, continuamente: crocifiggiamo! Reich è morto in prigione condannato come pazzo.

L'uomo non è cambiato molto. Sono passati duemila anni, ma noi continuiamo a fare ciò che abbiamo fatto a Gesù. Quest'uomo stava enunciando una verità estremamente importante, cioè che i disturbi mentali continueranno, aumenteranno sempre più, e presto non sarà più possibile curarli. Tre persone su quattro sono già anormali e la quarta si sta avviando a diventarlo, è solo questione di tempo... non è affatto una bella situazione!

Reich ha ragione quando dice che bisogna fare qualcosa. All'inizio era solo opera dei preti, adesso essi sono stati rimpiazzati dagli psicanalisti, i preti dell'epoca moderna! I preti avevano interesse a far sentire le persone in colpa; e hanno creato il senso di colpa. Questo ha bloccato la capacità orgasmica, e gli psicanalisti ora ne raccolgono i frutti: la loro è una professione florida. È la più rispettata e la più richiesta.

Gli psicanalisti sono più richiesti dei medici; infatti, il corpo migliora di giorno in giorno, mentre la mente peggiora di pari passo.

La colpa ha creato la patologia umana.

In futuro non saranno necessari né i preti né gli psicanalisti. Entrambe sono professioni inumane; dovrebbero sparire, ma questo potrà avvenire solo se l'uomo si libera dal senso di colpa, altrimenti no.

Pertanto, ti invito a seguire il flusso della vita, anche se ti senti in colpa. Ignora la colpa. Lasciala lì dov'è; segui quel flusso malgrado la sua presenza! Più lo farai e più sarai in grado di vedere te stesso e di evitare di cadere nella trappola della colpa: sarai in grado di riprenderti in tempo, prima che ti blocchi. Sarai in grado di uscire da questa prigione.

Bisogna evadere dalla colpa, altrimenti la vita è un lungo tormento privo di significato alcuno.

La seconda domanda: «*Se si dovesse fare un unico proposito al primo dell'anno, cosa suggeriresti?*».

Questo, e solo questo, può essere un buon proposito da fare al primo dell'anno: mi ripropongo di non fare mai proposito alcuno; perché ogni proposito non è altro che una restrizione del futuro. Tutti i buoni propositi sono delle prigioni. Decidi oggi per il domani? Hai distrutto il tuo domani.

Lascia che il domani abbia il suo modo di essere. Lascia che *giunga* a modo suo! Che porti i propri doni.

Stabilire di fare qualcosa significa permettere solo una

cosa e proibirne un'altra. Qualsiasi proposito significa che vorresti vedere il sole sorgere a Occidente anziché a Oriente. Se dovesse sorgere a Oriente, non aprirai più le tue finestre; le terrai aperte a Occidente.

Cos'è un proposito? È una lotta. Ogni proposito è frutto dell'ego. Fissare un proposito, è dire: «Non posso vivere in modo spontaneo». E se non puoi vivere spontaneamente, non vivi affatto: fingi soltanto.

Pertanto, lascia che esista solo questo proposito: non farò mai alcun buon proposito. Lasciali cadere tutti! Lascia che la vita abbia una sua spontaneità naturale! L'unica legge aurea è questa: non esistono leggi auree.

3

«Tu affermi che non possiamo assumerci la piena responsabilità di noi stessi fino al nostro "risveglio". Il Movimento per lo sviluppo del potenziale umano sostiene che non possiamo essere svegli fino a quando non ci assumeremo la totale responsabilità di noi stessi. C'è conflittualità? Ti prego di commentare.»

Non esiste affatto conflittualità alcuna; si tratta dello stesso fenomeno visto da due angolazioni diverse. Sono due aspetti dello stesso evento; essi sono legati l'uno all'altro, e sono simultanei. Non sono in contrasto: sono complementari.

Quando dico che potrete assumervi una totale responsabilità di voi stessi solo quando sarete svegli, intendo dire che non sapete neppure chi siete: come ci si può assumere la responsabilità di qualcosa di cui non si ha neppure coscienza? Voi conoscete solo la punta dell'iceberg: come potete essere responsabili dell'inconscio, che è nove volte più grande? La parte cosciente può tutt'al più essere responsabile di se stessa. E anche questo è difficile, perché è continuamente influenzata dall'inconscio. Siete trascinati e spinti dall'inconscio a fare delle cose, senza conoscerne il motivo.

Vi innamorate di un uomo o di una donna: come potete assumervi questa responsabilità? L'innamoramento non è una decisione presa a livello conscio. Si tratta di un fenomeno inconscio. Ne siete semplicemente sopraffatti; all'improvviso, un giorno vi ritrovate innamorati. Non avete fatto nulla, non vi eravate preparati, non l'avevate pianificato. È una cosa che esce dal nulla... e ne siete posseduti, follemente posseduti. Come potete assumervi la responsabilità del vostro amore? L'amore scaturisce da radici di cui non siete consapevoli.

Questo è il motivo per cui vi dico: «A meno che non vi svegliate, non potrete assumervi una responsabilità totale». La vostra responsabilità sarà frammentaria, superficiale, scialba.

Ed è vero anche ciò che dice il Movimento per lo sviluppo del potenziale umano: non possiamo risvegliarci fino a quando non ci assumeremo la totale responsabilità di noi stessi. Come vi sveglierete? Dovrete iniziare ad assumervi la responsabilità di voi stessi. Ora come ora, non potrà essere totale; lasciate che sia parziale. Non potrà essere del tutto corretta; lasciate che lo sia solo in parte, che sia frammentaria. Non è il caso di preoccuparsene. Una responsabilità frammentaria è sempre meglio di una totale irresponsabilità. Perfino essere consapevoli di una piccola parte del vostro essere è molto meglio che essere assolutamente inconsapevoli.

La scelta che avete di fronte a voi non è tra consapevolezza totale o parziale: la scelta è tra consapevolezza parziale e *nessuna* consapevolezza. Scegliete la consapevolezza parziale: questo è ciò che afferma il Movimento per lo sviluppo del potenziale umano, e ha ragione. E quando scegliete di essere responsabili di alcune cose, diverrete un po' più svegli. Svegliandovi un po' di più, sarete un po' più responsabili... e così via.

Più diventate responsabili e più diventate consapevoli, più diventate consapevoli e più diventate responsabili. Le due cose vanno di pari passo.

Il Movimento per lo sviluppo del potenziale umano è un processo di illuminazione graduale. Quello cui mi riferisco io non è un processo ma una *metanoia*, una metamorfosi, una trasformazione, una trasformazione improvvisa. Se mi capite, vi illuminate in un solo istante alla velocità del lampo. Se non mi capite, dovrete arrancare piano piano attraverso metodologie di gruppo, meditazioni, preghiere, Yoga, Tantra, Tao... dovrete muovervi lentamente. Vi potete illuminare in un attimo, istantaneamente, in questo momento, oppure dovrete crescere lentamente. Il Movimento per lo sviluppo del potenziale umano è un movimento di crescita, e questa può avvenire solo per gradi.

Io vi insegno l'illuminazione istantanea. Essa *non* ha bisogno di tempo; neppure di un attimo. Ascoltatemi! E proprio in questo preciso istante... ciò che vi sto dicendo, o cerco di dirvi, è che *siete* già illuminati. Non avete bisogno di illuminarvi. Ve ne siete semplicemente scordati; è una specie di dimenticanza. Non dovete divenire alcunché: già lo *siete*. Dovete solo riconoscerlo, rivolgervi all'interno, dare un'occhiata in profondità nel vostro essere... e comincerete a ridere. Siete lì da sempre! Non ve n'eravate mai andati.

L'illuminazione è la vostra natura. Ma esistono due tipi di persone e tutto dipende dalla tua tipologia, non la puoi cambiare. Puoi essere come Hui Neng, che ascolta quattro strofe del *Sutra del Diamante* e si illumina. Ebbene, non puoi chiedere come diventare un Hui Neng: non è possibile. Lo sei oppure non lo sei: non c'è via d'uscita.

Il racconto di Hui Neng ha fatto sì che, nel corso della storia, molti si affannassero attorno al *Sutra del Diamante* e a quelle quattro strofe, in particolare. La gente le ripeteva giorno e notte, continuamente. «Se Hui Neng è riuscito a illuminarsi solo ascoltando queste quattro strofe, perché non posso farlo io?» Ma voi non fate altro che ripetere: e più ripetete, meno vi illuminerete. Non è così che può accadere! Voi non siete Hui Neng. Quella storia finisce con lui.

Questo è il problema dell'illuminazione istantanea: succede o non succede. Non potete intervenire in alcun modo. È al di là di voi. I *bhakta* l'hanno chiamata "grazia di Dio" – è come se giungesse da lui –, è un dono: non occorre esserne degni. Solo una persona su mille, addirittura su un milione, l'ottiene così. Tutti gli altri si devono muovere lentamente, con gradualità.

Ecco perché continuo a parlarvi di illuminazione istantanea e a mandarvi a fare gruppi, meditazioni e sessioni. A volte mi viene chiesto: «Se è possibile illuminarsi in un solo istante, perché farci fare queste cose? Perché farci soffrire con la *Primal*, l'*Encounter*, la *Gestalt*? Perché mandarci a fare sessioni di *Rolfing*, una vera e propria tortura?». Ma cosa ci posso fare? Se non siete in grado di ascoltarmi, dovrete fare sedute di *Rolfing*. O vi svegliate subito – è una vostra scelta – oppure dovrete continuare... vi manderò a fare gruppi di terapia intensiva. Là vi tortureranno, vi provocheranno, vi sproneranno, vi scuoteranno in mille e un modo. Vi getteranno in un tale stato di sofferenza che alla fine sarete costretti a decidervi: è meglio illuminarsi che dover soffrire così.

E a meno che voi non mi diciate: «Ora sono illuminato», io continuerò a mandarvi a fare sessioni e gruppi. Le terapie aiutano.

Se non siete in grado di comprendere la scorciatoia, dovrete seguire la via più lunga e difficile; se non riuscite a spiccare il salto, dovrete scendere usando la scala, piolo dopo piolo. Alla fine, il punto d'arrivo è il medesimo; sia per colui che ha toccato il fondo della valle spiccando un salto, sia per colui che invece ha scelto di scendere un gradino alla volta.

E ricorda: quando si arriva all'ultimo piolo bisogna spiccare il salto comunque, anche se si è scesi usando una scala! Cosa farai quando arriverai a quel punto? Il tuo salto sarà piccolo mentre quello dell'altro è stato più grande: lui si è buttato dalla sommità della collina, tu invece solo dall'ultimo gradino. In ogni caso l'ultimo istante richiede sempre di spiccare un salto. Non può essere altrimenti.

Sia che tu segua un sentiero a percorso graduale, sia che tu scelga la via immediata – quest'ultima implica ovviamente un sentiero senza tracciato, una porta senza vie d'accesso –, qualunque sia la tua scelta, alla fine l'ultimo istante sarà scandito da un balzo quantico. Dipende dal tuo coraggio. Se sei davvero coraggioso, tanto da rischiare ogni cosa, da mettere in gioco tutto, da arrenderti totalmente, accadrà in *questo* stesso istante. Se sei avaro, se hai la mentalità di un affarista, se sei astuto, calcolatore, se poni continue condizioni, allora accadrà piano piano.

Per la maggioranza di voi, i gruppi di crescita sono molto importanti. Vi preparano, vi aiutano ad arrivare al punto da cui potrete spiccare il salto, anche se non siete molto coraggiosi. Ma il salto dovrà comunque accadere, perché dovrete avere una discontinuità col vostro modo di essere.

Non vedere alcuna conflittualità tra queste due prospettive. Si è sempre pensato che ci fosse un conflitto tra il percorso graduale e il processo improvviso. Questo è forse il primo luogo al mondo dove essi si stanno incontrando. Altrimenti, tutti coloro che hanno insegnato l'immediatezza dell'illuminazione... per esempio Hui Neng che si illuminò all'improvviso: come avrebbe potuto insegnare la gradualità? E i suoi seguaci, sebbene non siano illuminati, continuano a parlare della subitaneità del fenomeno, e negano il raggiungimento graduale, lo vedono addirittura con ostilità.

Viceversa, persone come Patanjali, cresciute progressivamente, al pari del seme che si trasforma in albero, non con un salto, ma come un bambino che si sviluppa passo dopo passo verso la giovinezza, strutturano l'intero percorso, dandone una mappa: dal corpo alla mente, dalla mente all'anima, dall'anima all'infinito. Patanjali traccia una mappa dell'intero processo; è graduale. Ebbene, egli sarà contrario a Hui Neng, visto che lui parla delle otto ramificazioni dello Yoga, mentre Hui Neng parla solo dell'ottava «il samadhi» tralasciando le altre sette, escludendole completamente. Per Hui Neng quelle sette ramificazioni rappresentano infatti una sorta di procrastinazione: perché perdere tempo con le *asana*, con le posture Yoga, cosa vi possono dare? L'illuminazione non ha niente a che fare con il corpo. Niente a che fare con la tua postura. Può accadere mentre stai a testa in giù, mentre sei seduto come un Buddha, oppure sdraiato! Può accadere in qualsiasi posizione perché non si tratta affatto di un fenomeno fisico.

Nessuna postura Yoga ha alcun rilievo! Di certo non per Hui Neng, che sentì qualcuno recitare il *Sutra del Diamante* mentre attraversava il mercato... lo sentì soltanto... e nel sentirlo, accadde. Non hanno rilievo né le posture né una dieta particolare. Né dipende da alcun esercizio di respirazione. Tutte le prime sette ramificazioni dello Yoga sono lasciate cadere, rimane solo l'ottava: il *samadhi*, l'estasi... Hui Neng andò in estasi. E poiché accadde a lui, dice a ragione: «È successo a me, può succedere a te, può accadere a chiunque. Perché perdere tempo in pratiche inutili? Ogni altra cosa è arbitraria: l'essenziale è il *samadhi*».

Patanjali ha vissuto un'esperienza diversa. Il samadhi non gli è successo all'improvviso; lui è cresciuto verso di esso, lentamente. La sua è stata una crescita, non di una vita sola, ma di molte vite. Si è trattato di un processo lento e graduale, simile a un seme che diventa un albero. E lui vi dirà: «Non ascoltate questa gente, sono dei pazzi. Le cose non succedono in questo modo! Non si sa di alcun seme diventato improvvisamente un maestoso cedro del Libano. Questo Hui Neng deve essere impazzito!».

Oppure, troverà qualche altra spiegazione. Dirà: «Hui Neng deve aver fatto il resto del percorso nelle sue vite precedenti; era pronto, aveva già attraversato le sette ramificazioni. Ecco perché, all'improvviso, gli è accaduta l'ottava, altrimenti l'ottava *non può* accadere, a meno che le altre sette non siano state adempiute. Il percorso di Hui Neng *sembra* improvviso, ma non lo è».

Se invece interrogate Hui Neng su Patanjali, vi dirà: «Si autoinganna. Poteva accadere all'istante: non ha fatto che girare a vuoto, inutilmente. Avrebbe potuto saltare».

E qui sta la differenza... Hui Neng affermerà: «L'uomo non è un seme, è già un cedro del Libano. Se n'è solo dimenticato! Se l'uomo fosse un seme che deve divenire un albero, il fattore tempo sarebbe essenziale». Ma il punto di Hui Neng è: «L'uomo è *già* un albero. Si è semplicemente addormentato. E nel suo sonno sogna di essere un seme. Bisogna solo scuoterlo e svegliarlo. Il sogno deve essere infranto. Una volta aperti gli occhi, l'albero *saprà* di non aver bisogno di alcuna crescita».

Il termine più importante per Patanjali è "divenire", per Hui Neng invece è "essere".

Per me, lo sono entrambi. Io sono un ponte tra Patanjali e Hui Neng. E concludo: alla fine Hui Neng ha ragione, ma solo «alla fine». È rarissimo incontrare una persona che si sia illuminata udendo la recitazione di quattro strofe... non è facile trovare una persona simile. Però è possibile; non dico che non lo sia.

Patanjali è la via per il novantanove per cento. Quindi non lo scarto, io non scarto nulla. Tutto va accettato e utilizzato. Usate tutti i metodi con abilità, e da tutti riceverete un beneficio. E non fatevi ossessionare da un metodo solo.

Non dire: «Io credo nella crescita graduale». Se lo dici, elimini la possibilità di un'illuminazione improvvisa. Forse tu sei proprio quella persona – chissà? –, sei Hui Neng! Hui Neng stesso non ne era consapevole prima di illuminarsi. Chi può saperlo? Qui ci potrebbe essere un Hui Neng, un Hui Neng potenziale, e se costui cominciasse a pensare: "No, non è possibile. Non credo nell'illuminazione improvvisa", quella stessa idea gli impedirà di realizzarla. A quel punto ascolterebbe le quattro strofe del *Sutra del Diamante,* e non si illuminerebbe a causa della sua stessa idea.

Vorrei che rimaneste aperti.

Non sto dicendo che tutti si illumineranno ascoltando quattro strofe del *Sutra del Diamante,* perché anche qui c'è un pericolo in agguato: ascoltandole, potreste cominciare a credere di esservi illuminati. Sarebbe una finzione, un delirio, una follia. Esistono entrambi i pericoli. Voglio che siate consapevoli sia dei pericoli, sia delle possibilità: io metto a vostra disposizione tutti i sentieri.

Non credete ciecamente in nessun sentiero. Non scartatene alcuno a priori. Rimanete aperti, e usate qualunque cosa vi sembri giusta in quel momento. Ogni cosa vi aiuterà e vi sosterrà, ogni cosa vi rafforzerà e vi aprirà. Tutto può essere usato. E ogni sentiero può esservi di beneficio.

4

«Sono frustrato. Tu dici di essere qui e ora, di lasciar andare la mente, di essere spontanei; per me questo è ciò che si intende per illuminazione. Io non ho affatto, né ho mai avuto, questa esperienza di illuminazione; ebbene, cosa può fare il cretino che io sono, nel frattempo?»

Nel frattempo goditi il fatto di non essere illuminato... perché, chissà, domani ti potresti illuminare. Ti avverto: nel frattempo goditi questo stato di non illuminazione, poiché, una volta illuminato, sei illuminato per sempre. Fa' attenzione! Poi non venirmi a dire: «Adesso che mi sono illuminato, vorrei godere le cose di cui si può godere solo in uno stato di non illuminazione». A quel punto non ti potrò più aiutare.

Ti posso aiutare a raggiungere uno stato di illuminazione, partendo dal tuo non essere illuminato; non posso aiutarti nel percorso inverso! Non è possibile, non è mai successo! Una volta che comprendi, hai compreso. A quel punto mille e una cosa non sono più possibili. Quindi non perdere tempo... divertiti.

Tu dici: «*Sono frustrato...*».

Perché ti porti dietro l'idea dell'illuminazione, mentre ne sei ben lungi! Quest'idea continua a perseguitarti, e tu sei costantemente consapevole di non essere illuminato, da qui la frustrazione...

Mi hai frainteso. Continui a fraintendermi. Io non ti sto dando una meta, l'illuminazione non è una meta. Se lo fosse, mi chiederesti in che modo accade. Se cominci a gioire del tuo stato di non illuminazione, verrà da sé, il piacere fa da ponte. Ecco perché la mia enfasi è sulla gioia, la celebrazione e la felicità: perché la felicità fa da ponte tra le due sponde.

Anche una persona non illuminata può essere felice, mentre la persona illuminata lo è necessariamente. Quella è l'unica qualità che hanno in comune; è l'unica qualità che si sovrappone tra di loro, non ne conosco altre. Ecco perché vi dico che quella qualità può essere usata come un ponte.

La persona non illuminata può gioire solo momentaneamente: è ovvio, visto che la sua mente oscilla. È continuamente trascinata verso il passato, o verso il futuro, prima da una parte poi dall'altra, non riesce a stare qui. Lo può fare per alcuni istanti... mentre viene dal passato, diretta verso il futuro, per un attimo può sostare nel presente. Provenendo dal futuro, diretta verso il passato, può fermarsi un istante, e prendersi una piccola vacanza nel presente. Passa e ripassa molte volte nell'arco della giornata: è un continuo viavai. E in questo suo continuo spostarsi avanti e indietro, molte volte attraversa il presente. In questi frammenti di spazio può essere felice. Non sarà una felicità eterna. Ma la felicità *è* pur sempre felicità, non importa che sia momentanea o eterna.

Quando danzate e celebrate, la vostra danza e la vostra celebrazione hanno la stessa qualità di quella di Kabir e di Mira, la *stessa* qualità. La differenza sta nella quantità, non nella qualità. È solo momentanea; va e viene. Non rimane. È come un lampo. Allorché ne diventate consapevoli, è già scomparsa. Ma è identica!

Per Kabir e per Mira essa diventa un sole, fonte di luce costante. Ma i lampi tra le nuvole hanno la *stessa* qualità, non è affatto diversa. È la *medesima* luce, anche se non vi consente di leggere un libro o di scrivere una lettera. Non fate in tempo a prendere in mano la penna che il lampo è scomparso ed è buio pesto. Tuttavia, ricordatevi: le qualità del fuoco e dell'elettricità sono identiche: che si tratti di una fonte continua come il sole, oppure di una fonte momentanea come quella di un lampo, la differenza sta solo nella durata.

La felicità si sovrappone tra le due dimensioni. Il Buddha nel suo stato d'essere è felice, è semplicemente felice; è uno stato permanente. È simile al respiro; è un'atmosfera che lo circonda, non lo abbandona mai. A voi giunge come una fragranza: per un istante le vostre narici ne sono ricolme e l'attimo successivo scompare e voi vi immergete di nuovo nel tanfo del mondo: ma si tratta comunque della medesima fragranza. Nella vita del Buddha il fiore è sbocciato, nella vostra non ancora, viene e va.

Ti senti frustrato perché questa idea dell'illuminazione sta diventando un fardello pesante per te. Ne fai un traguardo, e crei sofferenza. E una persona che soffre non potrà mai illuminarsi.

Lascia andare la sofferenza!... Di certo mi chiederai: «Come?». Lascia andare i traguardi, le mete. Le mete creano la sofferenza. Quando spasimi per ottenere qualcosa e non ci riesci, soffri. Quando non desideri nulla, ma cominci a muoverti in una nuova dimensione, gioisci di qualsiasi cosa in tuo possesso... potresti essere seduto nel giardino della tua casetta pensando a un gran palazzo: come fare per averlo? La sola idea di quel palazzo – un palazzo di marmo che vedi brillare in lontananza alla luce del sole – genera sofferenza. Più ti focalizzi su *quel* palazzo, e più ti scordi le bellezze di questa casetta: e qui ci sono i fiori, il prato è verde, gli alberi sono rigogliosi, soffia una brezza, splende il sole, gli uccelli cantano... per gli uccelli non esiste una gran differenza tra un palazzo e una capanna. I fiori sbocciano allo stesso modo, il sole continua a risplendere, sia sui giusti sia sugli ingiusti, sui poveri e sui ricchi, sui belli e sui brutti, su chi ha successo e su chi è un fallito.

Ti stai lasciando sfuggire il reale. Scordati il palazzo! Scordandotene non soffrirai più. Comincia ad accompagnarti a questo uccellino appollaiato sull'albero che cinguetta e ti benedice. Ascoltalo! Goditi questi raggi di sole che cadono su di te! Canta una canzone! Danza con gli alberi! Stenditi sull'erba; sentine l'umidità e la vita.

Questo è ciò che intendo quando dico: nel frattempo goditi il tuo stato di non illuminazione. E se sarai in grado di farlo, ti sorprenderai nel vedere che la capanna si trasforma in un palazzo. Ti sorprenderai nel vedere come si trasformi ciò che ti circonda, perché quella trasformazione è accaduta dentro di te. Quando cambi tu, cambia il mondo intero.

Se puoi gioire di questo stato non illuminato, l'illuminazione ti accadrà. Non può accadere tramite il desiderio: accade solo quando gioisci. Gesù continua a ripetere: «Gioite! Gioite!». Come mai? C'è una chiave, una chiave d'oro, nella gioia: se sei in grado di gioire, acquisterai la capacità di gioire ancora di più. Se sai gioire, il tuo cuore pulserà, danzerà, sarà in grado di aprirsi ulteriormente... e sarai toccato da qualcosa di sempre più vasto.

Ti arriva sempre ciò che sei pronto a ricevere. Non ti può arrivare di più.

Mi dici: «*Sono frustrato. Tu dici di essere qui e ora, di lasciar andare la mente, di essere spontanei...*».

Continui a fraintendermi. Quando ti dico: «Sii spontaneo», ne fai una meta, e questo è proprio ciò che ti sto dicendo di *non* fare, per favore. Essere spontanei significa non avere mete. Tu rendi la spontaneità una meta. Cominci a fare dei tentativi: come essere spontanei? Nell'attimo stesso in cui introduci il "come", non puoi più essere spontaneo, perché non esiste un "come". Il "come" conduce sempre al futuro, pianifica sempre, prepara. Come puoi pianificare la spontaneità? Spontaneità significa comprendere: «Non devo rincorrere i desideri». Vedendone la futilità, non li si rincorre più, e si diventa spontanei.

Quando dico di lasciar andare la mente, subito tenti di farlo. Chi è che tenta? La mente tenta di lasciar andare se stessa. Ma è impossibile: la mente non può lasciar andare la mente. Devi comprendere queste cose!

Ciò che vi sto insegnando non è qualcosa che si *debba* fare: è qualcosa che si deve comprendere. Tu sei troppo interessato al fare. Hai una tale fretta di fare qualcosa, che non ascolti ciò che ti dico, non cogli il punto essenziale, e cominci immediatamente a programmare come lasciar andare la mente. Ebbene, *chi* è questo programmare? *Chi* è questo pensare come lasciar andare la mente? È la mente stessa. In questo modo sorge un nuovo desiderio, il desiderio di lasciar andare la mente: è un nuovo palazzo di marmo, una nuova meta.

La mente è desiderare. La mente è orientata verso una meta. Lasciare andare la mente significa vedere l'evidenza! Vedere cioè come la mente ti porti fuori strada: come non ti permetta mai di essere qui e ora. Con questa comprensione, smetti di interessarti a una meta. Con questa comprensione non ti crei nuove mete: come lasciare andare la mente, come essere spontanei, come essere qui e ora. Con questa comprensione ti fai una bella risata... rilassati e gioisci. E sei qui e ora, e nel qui e ora la mente non c'è. E quando non c'è la mente, c'è la spontaneità. E nel frattempo gioisci!

Tu dici: «*Io non ho affatto, né ho mai avuto, questa esperienza di illuminazione*».

Tu non sperimenterai mai l'illuminazione. Come potresti? L'ostacolo sei proprio *tu*. Inoltre, l'illuminazione non è un'esperienza, perché in essa manca colui che sperimenta. L'illuminazione è «sperimentando», non è *fare* esperienza. Nell'esperienza c'è divisione: colui che esperimenta e ciò che è sperimentato. Tra questi due poli esiste l'esperienza. Quando colui che esperimenta e ciò che è sperimentato non sono più separati, quando si fondono l'uno nell'altro, quando l'osservatore diventa ciò che è osservato, quando non c'è più separazione tra colui che conosce e l'oggetto conosciuto, subentra un fenomeno totalmente nuovo per il quale vorrei usare un verbo nuovo «sperimentando».

L'esperienza è un sostantivo, definitivo, conclusivo; è un termine. «Sperimentando» implica un'azione continua, ha le sembianze d'un fiume. La dualità di colui che conosce da una parte e del conosciuto dall'altra si è dissolta nel fiume. Non c'è nessuno che conosca l'illuminazione, e non esiste alcuna illuminazione che possa essere conosciuta in quanto oggetto.

Dimentica questi concetti complessi. Inizia semplicemente a gioire. Questa cosa semplicissima si può fare con facilità: puoi danzare, cantare, amare, mangiare; puoi fare una passeggiata, farti una bella dormita. E sono tutte attività stupende se riesci a entrarci totalmente, a dissolverti in esse.

La mente continuerà a tentare i suoi trucchi, i suoi stratagemmi. E ti porterà fuori strada più di una volta. Quando te ne ricordi, fatti una bella risata, gioisci. Non metterti a lottare con la mente. Ignorala. Lasciala perdere. Si tratta solo di una vecchia abitudine. Osserva. Non prestarci troppa attenzione. Evitando di dare attenzione alla mente, la costringerai a poco a poco a una sorta di digiuno. Essa comincerà a rattrappirsi. E un giorno non ci sarà più. Quando la mente è scomparsa, tu non sei più presente. Quando tu non ci sarai più, sarà presente l'illuminazione.

E chiedi: «*Io non ho affatto, né ho mai avuto, questa esperienza di illuminazione; ebbene, cosa può fare il cretino che io sono, nel frattempo?*».

Tu *sei* l'illuminazione... te ne sei solo dimenticato. La memoria ti tornerà, non attraverso lo sforzo, ma semplicemente attraverso l'essere in armonia con l'esistenza.

Un vecchio pugile telefona al suo manager. «Harry,» dice «mi devi procurare un altro incontro, voglio combattere con Slasher Delaney.»

«No, ragazzo mio» risponde Harry. «Ormai hai fatto il pieno, non ci sono più incontri per te. Quante volte te lo devo ripetere?»

«Ma Harry, per favore, solo questo, so di poterlo battere. Ti prego Harry, ancora un incontro, solo uno!»

«No! Sei finito. Piantala finché stai ancora in piedi. Non puoi più combattere.»

«Ma Harry,» prega il vecchio pugile «perché non posso picchiare Slasher Delaney?»

«Perché non puoi picchiare Slasher Delaney?» urla il manager, «perché, pezzo di cretino, *sei tu* Slasher Delaney!»

5

Tu hai detto: «*"Cammina senza piedi, vola senza ali, pensa senza mente." Anche se per vite intere ho vissuto a testa in giù, non riesco a camminare senza piedi. Come mai?*».

Potrai continuare a vivere a testa in giù per molte altre vite... non ci riuscirai mai. Non è di questo che hai bisogno per camminare senza piedi. È irrilevante; anzi, non c'entra affatto. Non c'è alcun bisogno di equilibrismi inutili per camminare senza piedi e volare senza le ali. Anzi, così facendo, non riuscirai neppure a muovere un passo con i piedi; figuriamoci senza! Stando a testa in giù, non sarai in grado di camminare affatto. Sarai un uomo morto, non sarai affatto vivo.

Quando dico di camminare senza piedi, cosa sto dicendo? Innanzitutto dico questo: impara a camminare con i piedi, e poi fai estrema attenzione alla tua interiorità, osserva, sii consapevole. Crea una coscienza luminosa. Osserva chi cammina, quando stai camminando. Stai davvero camminando? Sei arrivato in India dall'Inghilterra o dal Giappone: qualcosa dentro di te si è veramente mosso? Tu non hai camminato. Il corpo è stato trasportato sin qui dal Giappone, ma la tua consapevolezza è la stessa.

Un tempo eri un bambino; ora sei un giovanotto, oppure un adulto, hai compiuto un lungo percorso: ma sei davvero cambiato? Nella profondità del tuo essere non sei cambiato affatto; non c'è stato viaggio alcuno. Nel centro più intimo del tuo essere sei esattamente lo stesso.

Se osservi mentre cammini, saprai che non esiste alcun "camminare". Se osservi mentre pensi, ti accorgerai che non esiste alcun "pensare". Se osservi mentre parli, vedrai che non esiste alcun "parlare". L'essenza più intima del tuo essere rimane intatta, è intoccabile. È un fiore di loto sull'acqua: rimane nell'acqua ma non ne è toccato.

È la conoscenza di quel testimone ciò che io intendo...

PENSA SENZA MENTE
VOLA SENZA ALI
CAMMINA SENZA PIEDI

Non vi sto insegnando trucchi da circo equestre, come volare, o fare equilibrismi sulla testa.

Il manager di un circo intervista alcune persone da assumere. Alla fine della giornata ne ha prese poche e mandate via tantissime, annoiandosi a morte con i loro trucchetti. Mentre si prepara a lasciare l'ufficio, entra un tale che dice: «Mi piacerebbe lavorare nel suo circo».

Senza degnarlo di un'occhiata, il manager chiede: «E tu cosa sai fare?».

«Posso volare come un uccello...» risponde l'altro.

«Mi spiace, ma non ci servi, e comunque tutti i posti sono già stati presi» lo interrompe il manager categorico.

«Va be', pazienza» commenta l'uomo deluso... e vola fuori dalla finestra.

No, non vi sto insegnando questo tipo di trucchi. Dovete abbandonare tutti i trucchi: e questi sono tutti trucchi! La gente ne rimane affascinata, perché l'ego si sente gratificato quando è in grado di fare qualcosa che nessun altro sa fare: se riusciste a camminare senza piedi, a volare senza ali, ne sareste felici, pur non avendo realizzato alcunché! Qualsiasi stupido uccello già vola, cosa pensate di aver realizzato? Non esiste alcuna realizzazione in cose simili.

È accaduto: un signore altero e arrogante si presentò da Ramakrishna, dicendo: «Sai che sono capace di camminare sull'acqua?». Erano seduti sulla riva del Gange a Dakshineswar. Ramakrishna scoppiò in una risata – era un uomo davvero innocente – e ribatté: «Sei capace di camminare sull'acqua?».

«Sì» confermò l'altro.

E Ramakrishna: «Quanti anni ti ci sono voluti per imparare questo trucco?».

«Diciotto» fu la risposta.

«Che sciocco,» disse Ramakrishna ridendo «diciotto anni?! Quando io voglio attraversare il fiume, pago due lire. E per qualcosa che vale due lire... diciotto anni?! Non ho mai incontrato uno sciocco come te. Hai sprecato la tua vita! Io uso semplicemente il traghetto. Non c'è bisogno...!»

Ma queste cose attraggono; la mente è molto attratta dagli eventi miracolosi che vi possono accadere. E i miracoli accadono continuamente, ma voi non li vedete: respirate, siete vivi, amate, vedete i raggi del sole, il mondo è un'assoluta benedizione. Accadono miracoli a ogni istante! Ma voi vorreste volare come uno stupido uccello, e a quel punto vi sentireste orgogliosi di essere diventati grandi yogi o chissà cos'altro.

Ricorda: sii ordinario; non cercare di essere speciale in alcun modo, altrimenti ti muoverai nella direzione sbagliata. Essere speciali significa essere egoici, e l'ego è l'unico problema. Non ne esistono altri. Dimenticati di essere speciale. Sii semplicemente ordinario; e nell'esserlo vi è una gioia infinita. Sii semplicemente umano.

Ed essendo ordinario arriverai a conoscere. Conoscerai l'arte del camminare senza piedi e volare senza ali. Quell'arte significa solo questo: «Io non sono colui che fa. Mi sono rilassato. Ora è Dio a camminare in me. È Dio che parla in me, è Dio che ama attraverso di me, io sono una canna di bambù. La mia vita è priva di mete particolari, la sua meta è la mia. E se egli non ha meta, io sono perfettamente felice senza mete. Fluisco con il fiume; ovunque mi porti, quella è la mia casa, se porta da qualche parte. E se non porta in alcun luogo, allora quella sarà la mia casa».

Questo è il rilassamento. E rilassarsi nella realtà significa conseguire, essere illuminati. L'illuminazione è un lasciarsi andare totalmente.

6

«Se, come dici, la gente è stata tanto distrutta dal senso di colpa, come riesce a vivere?»

Me lo chiedo anch'io! Come si riesca a vivere è davvero un gran mistero, un quesito. Le sorgenti della loro vita sono state avvelenate. In effetti, la gente non vive... tira solo a campare. Ma arrabattarsi per tirare avanti non è vivere: è trascinarsi in qualche modo, fingere; è una falsità, una pseudovita.

Tutte le vostre sorgenti vitali sono state avvelenate. E a meno che non vi liberiate dai preti e dai politicanti non riuscirete mai a vivere veramente. Tutt'al più riuscirete a tirare avanti. Ma in questo modo non fate altro che rimandare il momento della morte, non potete vivere realmente. Potete continuare a rimandare la morte per un altro giorno, e poi per un giorno ancora... ma questa non è vita!

La vita richiede passione. La vita richiede intensità. Ha bisogno del fuoco, perché si può fiorire solo in presenza della fiamma e del fuoco; altrimenti si rimane tiepidi, così così.

Cos'è il vostro amore? Come potete *amare*? Per cinquemila anni l'amore è stato condannato, al punto che, anche se pensate di non fare più parte di alcuna congregazione religiosa, anche se non andate più da nessun prete, la cosa non ha alcuna importanza. Il veleno vi ha contaminato a un livello così profondo, da arrivare al sangue, alle ossa e al midollo, per cui anche se non andate in chiesa, la chiesa continua a vivere dentro di voi; nella profondità del vostro essere, continua a tirarvi a destra e a sinistra, e a controllarvi.

Malgrado ciò, riuscite a tirare avanti! Malgrado tutto bisogna continuare ad amare e a vivere; pertanto si vive e si ama, ma questo amore crea solo agonia, non estasi. E ogni ulteriore agonia dimostra quanto il prete avesse ragione. Ed è il prete stesso la causa di questa agonia! Questo è il bello della storia. Ma ogni volta che tornate a risentire quell'agonia, vi ricordate che il prete aveva ragione, e che l'amore è sofferenza.

L'amore non è sofferenza! L'amore è beatitudine, gioia pura e semplice. Però è stato contaminato e inquinato, è stato forzatamente colmato di un'infinità di cose, al punto che non è più amore, ma qualcos'altro. Ogni volta che vi sentite frustrati, la posizione del prete viene ulteriormente convalidata: «Aveva ragione lui, e io torto; avrei dovuto ascoltare ed essere più saggio». Ogni relazione amorosa sembra dimostrare che il prete aveva ragione, perché nessuna relazione è una relazione d'amore. È possessività, gelosia, dominio, rabbia, violenza: è odio.

La sola idea di possedere una persona è orribile, è l'idea più orribile che si possa inventare. Il monopolio psicologico distrugge l'amore completamente, e quando l'amore è stato distrutto, è naturale sentirsi in agonia, perché viene a mancare l'estasi, qualcosa in cui avevate investito tantissimo. Ora l'estasi non esiste più e siete schiacciati a terra, vittime di un collasso. Dentro di voi la voce del prete continua a ripetere: «Te lo dicevo, non ti avevo avvertito forse dell'illusorietà dell'amore? Non ti avevo detto che l'amore è sofferenza? Che porta solo angosce? In futuro stai attento. Fuggi!».

Il prete vi ha messo contro la vita in modo radicale. Non poteva distruggerla completamente, questo è vero. Non può farlo. La vita è come un albero, ma ne ha avvelenato le radici. Non poteva distruggere la vita; perché la vita è esuberante, è divina, la vita è Dio. E il prete non era in grado di distruggerla completamente, tuttavia è riuscito ad avvelenarla.

Ho sentito:

In una località di villeggiatura montana, si incontrano a tavola un tizio e una tizia entrambi in vacanza e senza i rispettivi coniugi. Dopo alcuni giorni di piacevole conversazione, i due cominciano ad affezionarsi l'uno all'altra e finiscono per ritrovarsi a letto. Ma si sentono in colpa e con un gran peso sulla coscienza.

«Mia moglie» dice il marito farfallone, «lavora come una negra per mantenere una bella casa per i nostri figli.» E scoppia a piangere.

«Mio marito è così buono con me» racconta la moglie fedifraga «da consumarsi le mani fino all'osso per mandarmi in vacanza, e io mi lascio irretire da un amante.» E anche lei scoppia in lacrime.

Questa storia continua per cinque giorni. Per cui cosa succede? I due passano l'intera settimana a fare l'amore e a piangere, a piangere e a fare l'amore.

È ciò che succede in tutto il mondo. Non riuscite a essere totali in nulla. Non riuscite neppure a scappare totalmente. Rimanete sospesi nel mezzo; non siete né di qua né di là. Non riuscite a fuggire l'amore, perché quando lo fate vi sentite soli e disperati. Questa disperazione è un fatto naturale: la natura vi ha creato per essere in relazione; l'intento della natura è far sì che vi armonizziate con la totalità, ma per farlo dovete iniziare dagli individui.

Gli individui sono l'ingresso nella totalità. Quindi, se vi rifugiate in una grotta dell'Himalaya, o in un monastero cattolico, la natura si vendicherà, non vi perdonerà mai. Vi sentirete soli, tristi; la vostra vita sarà una specie di vegetare. Vivacchierete: anche le vostre preghiere saranno spente; infatti, come può nascere una preghiera da un cuore privo d'amore? Leggerete la *Bibbia* e il *Sutra del Diamante*, ma sarete senza fuoco, perché quando l'amore muore, anche il fuoco si spegne. Vi trascinerete, spenti, morti. In qualche modo continuerete a vivere, in attesa di morire. La morte sarà una liberazione; la vita un peso costante.

La natura si vendicherà, e dirà: «Torna a vivere. Stai con la gente. La vita esiste nello stare insieme, nelle relazioni e così pure la gioia. Va' e ama! La preghiera scaturisce dall'amore. Quando si è immersi nell'amore, si sperimenta per la prima volta la meditazione. Immergiti nella vita!». La vita non vi darà tregua. Non può lasciarvi in pace facilmente, non lo fa mai. Non l'ha mai fatto!

Pertanto sarete infelici. La vostra sola gioia sarà andare in paradiso a godervi tutte queste cose, mentre gli altri bruceranno all'inferno, perché uomini di mondo. La fantasia secondo cui tutti coloro che hanno goduto il mondo finiscono all'inferno sarà la vostra unica gioia. Un surrogato della gioia. Una gioia un po' sadica. Volete vedere il mondo intero all'inferno; solo perché *voi* state soffrendo; solo per questo, vorreste che soffrissero anche tutti gli altri. Siete pieni di rabbia; nel profondo siete pieni di invidia e gelosia. Non potete perdonare coloro che danzano per strada, che fanno l'amore, che vivono e cantano. Quelle canzoni continuano a galleggiare nell'aria, nei monasteri. Vi dovete vendicare.

L'inferno è stato creato dai monaci come una sorta di

vendetta. Non esiste. È un'invenzione messa a punto da quanti si sono ritirati dalla vita e non riescono a godere della propria reclusione. Quelle stesse persone hanno creato per sé il paradiso. Lì potranno godere tutto ciò che non hanno toccato qui: proprio tutto!

Nel paradiso dei mussulmani, il vino scorre a fiumi. Chi ha rinunciato al vino in questo mondo, in paradiso sarà ricompensato mille e una volta. Il paradiso è pieno di fanciulle diciottenni che non invecchiano mai: la loro età è fissata per l'eternità, esistono solo giovani diciottenni. E la loro bellezza non è quella terrena, ammantata di fango; non hanno odori molesti, non sanno di sudore, sono fragranti. E hanno un corpo tutto d'oro.

Sono fantasie. A questa gente sono mancate le donne nel mondo; ora stanno fantasticando. In un certo senso si consolano: «Aspetta ancora un po'. La morte verrà a prenderti, e Dio ti ripagherà all'infinito». È un piano perfetto, visto che hanno rinunciato alla vita. Ma la vita continua dentro di loro, ed è quella stessa vita a creare fantasticherie.

Quando digiunate, la fame crea fantasie: vedrete ogni genere di cibo. Quando diventate celibi, quando è una scelta forzata, la fame del calore di una donna o di un uomo crea fantasie. Se fuggite, la vita non vi perdonerà, la natura non vi perdonerà, né vi perdonerà Dio! Siete andati contro il volere di Dio, perché questa vita è sua: se vi mettete contro la vita, vi mettete contro il suo creatore.

Se non fuggite e non ascoltate i preti, ma vi mettete contro di loro, questi non vi perdoneranno mai. Pertanto, ogni volta che vi troverete in compagnia di una donna, il prete affiorerà dentro di voi, per distruggere la vostra gioia. Egli crea la vostra cosiddetta coscienza, la vostra moralità, il puritanesimo. Vi condanna, e alla fine sarete voi stessi ad autocondannarvi. E poiché non riuscite a contattare la profondità dell'amore, visto che il prete vi porta a trattenervi, l'amore diventa un'agonia. Invece di diventare un'estasi, diventa una sofferenza. Il prete finisce per avere ragione, e voi cominciate a programmare una vita monacale, cercate un modo per fuggire l'amore.

Se vivete, il prete non vi può perdonare. E la vita non vi può perdonare, se morite in un monastero. Questo è il vostro dilemma.

Ascoltate la vita, non ascoltate i preti. Il prete è al servizio del diavolo; è un discepolo di Satana: ascoltate la vita. Scendete in profondità nella vita. Se l'amore porta con sé sofferenza, cercate di comprendere: non può essere amore. Qualcos'altro finge di essere amore, si maschera dietro questo sentimento. Analizzatelo, e sfrondate l'amore da tutto ciò che non è veramente amore. E piano piano comincerete a muovervi verso la preghiera e la meditazione.

7

«Come mai sono tanto affascinato dalla pornografia?»

Dev'essere a causa della tua educazione religiosa. L'oratorio... non c'è altro motivo che ti possa spingere verso questo interesse. Quando sei contro la realtà, cominci a fantasticare.

Il giorno in cui sparirà l'educazione religiosa, sparirà la pornografia. Prima di allora non potrà mai accadere. Sembra un paradosso. Riviste tipo «Playboy» possono esistere solo con il sostegno del Vaticano. Senza il Papa non ci sarebbe spazio per «Playboy»; non potrebbe esistere. Non avrebbe ragione di esistere. Il prete lo sostiene.

Perché ti dovrebbe interessare la pornografia quando sei circondato da persone vive? È così bello guardare le persone in carne e ossa. Non ti interessa la foto di un albero nudo, vero? Perché tutti gli alberi sono nudi. Prova a fare una cosa: ricopri tutti gli alberi... e prima o poi troverai riviste che girano in sordina, piene di alberi nudi! La gente le leggerà, se le infilerà nella *Bibbia*, le guarderà e se le godrà. Prova e vedrai.

La pornografia potrà sparire solo quando la gente sarà in grado di accettare la propria nudità con naturalezza.

Non cerchi foto di cani, gatti, tigri e leoni ripresi nella loro nudità: sono già nudi! In realtà, quando ti passa davanti un cane, non te ne accorgi neppure; non noti affatto che è nudo! Ho sentito dire che in Inghilterra ci sono delle signore che ricoprono di vestitini i loro cani. Hanno paura: la nudità del cane potrebbe disturbare qualche anima religiosa e spirituale.

Nella sua autobiografia, Bertrand Russell scrive che durante la sua infanzia – viveva nell'epoca vittoriana – persino le gambe delle sedie venivano ricoperte, perché si trattava di *gambe*.

Lasciate all'uomo la sua naturalezza e sparirà anche la pornografia. Lasciate alla gente la propria nudità... non che debba stare nuda in ufficio, non c'è bisogno di spingersi tanto in là. Ma sulle spiagge, al fiume, o quando si è tranquilli e rilassati a casa propria, sdraiati al sole nel proprio giardino, si dovrebbe stare nudi! Lasciate che i bimbi giochino nudi, accanto a una madre e a un padre anch'essi nudi. La pornografia sparirà! Chi guarderà ancora «Playboy». Per quale motivo? Veniamo privati di qualcosa, di una curiosità naturale, da qui la pornografia.

Mi domandi: «*Come mai sono tanto affascinato dalla pornografia?*».

Ti sorprenderà sapere che il termine "affascinato" deriva da *phallus*. L'uomo ha un'attrazione, una fascinazione patologica per il fallo, senza *alcun* motivo. L'unico motivo è che le persone hanno continuato a nasconderlo. Anche in una tribù primitiva che vive nuda, troverete esposto il corpo intero, all'infuori degli organi sessuali, che saranno nascosti, per cui almeno quella parte di pornografia esisterà anche lì.

Dove ha origine questa paura? Cosa l'ha generata? Deve avere radici profonde in un passato imprecisato, forse perduto per la consapevolezza umana, eppure presente.

Il termine *phallus* a sua volta deriva dalla radice sanscrita *phala*. *Phala* significa frutto. Andare alla radice del termine "fascinazione" ripaga: la prima radice è *phallus*, che a sua volta deriva da *phala*, ciò che dà dei frutti. L'uomo si rese conto che l'organo sessuale è l'organo più importante, perché dà origine alla vita; in qualche modo comprese che la vita vi si nasconde all'interno. È prezioso, nascondiamolo! È un tesoro: che nessuno possa vederlo. Qualcuno potrebbe appropriarsi del vostro tesoro, qualcuno potrebbe rubarlo o danneggiarlo.

Questa idea s'insinuò nella profondità dell'inconscio. Non è sostenuta da alcuna realtà, né da una ragione. E la pornografia ne è la conseguenza. Inoltre, i preti si resero conto di un'altra cosa, piuttosto ovvia: quando la gente si innamora, si dimentica di tutto, del mondo intero.

Innamorandosi, o facendo l'amore, le persone scompaiono semplicemente da questo mondo, si spostano in un'altra dimensione. E quella è la dimensione dei preti, di cui essi esigono il monopolio. Non vogliono che ci si possa avvicinare a Dio in altri modi; vogliono che si utilizzi il percorso giusto, da loro stessi offerto: la preghiera, la meditazione, questo e quest'altro.

I preti si resero conto che la gente aveva una chiave naturale a portata di mano, una soglia naturale che si apriva sul Divino: andava bloccata. Altrimenti chi avrebbe provato interesse per le loro preghiere e le loro meditazioni? Chi sarebbe stato attratto dalle chiese e dai templi? Prima di tutto bisognava bloccare questa capacità naturale di entrare nel Divino, doveva essere distrutta: solo così la loro professione poteva fiorire. Ecco come è successo.

Liberati dal tuo prete interiore, digli addio. E improvvisamente ti renderai conto che anche la pornografia è scomparsa. Uccidi il prete che si trova nel tuo inconscio e vedrai un incredibile cambiamento nel tuo essere. Sarai più integro.

Eccovi una storiella su cui meditare...

Tre preti devono andare in Lettonia. Vanno all'aeroporto e i due sacerdoti più anziani mandano il giovane collega ad acquistare i biglietti. Allo sportello il sacerdote si trova di fronte a una ragazza bellissima, prosperosa come raramente gli è capitato di incontrarne, che indossa un abito con una scollatura vistosissima. Visibilmente scosso, riesce a balbettare: «Signorina, per favore, potrebbe darmi tre biglietti per la... Tettonia?».

Subito si rende conto di ciò che ha detto e terribilmente mortificato lascia lo sportello, per correre a nascondersi dietro i due compagni più anziani.

Spiegato l'accaduto, il secondo sacerdote decide di prendere in mano la situazione e si avvicina allo sportello... ma i suoi occhi sono inevitabilmente attratti da quello spettacolo al limite dello scandalo. In qualche modo riesce a concentrarsi e a formulare la sua richiesta: «Signorina, per favore, potrebbe darmi tre biglietti per la Lettonia? E sia così gentile da darmi quel volo speciale, la cui tariffa è tettecentomilalire».

Confuso per questa papera, abbandona i biglietti sul banco e raggiunge rapidamente i suoi compagni.

A quel punto, il terzo sacerdote, il più anziano, si dirige a passo fermo verso lo sportello per ritirare i biglietti ma, di fronte a quello spettacolo carnale, si sente in dovere di ammonire la ragazza: «Signorina,» le dice «se lei continua ad andarsene in giro vestita in modo così provocante, sappia che riceverà la giusta ricompensa nel regno dei cieli. È mio sacrosanto dovere dirle che quando entrerà nell'aldilà, "san dito", sarà sicuramente là con il suo Pietro puntato contro di Lei...».

8

«Sembri supplicarci in continuazione di lasciar andare i ricordi, di vivere qui e ora. Ma rinunciando ai ricordi, devo rinunciare anche all'immaginazione creativa? Io sono uno scrittore, e tutto ciò che scrivo affonda le sue radici nei ricordi.»

Mi chiedo: «*Come sarebbe il mondo senza l'arte e senza la creatività che la rende possibile?*.

Un Tolstoj non avrebbe mai potuto diventare un Buddha, ma Buddha sarebbe mai stato in grado di scrivere Guerra e Pace*?»*

Mi hai frainteso, ed è naturale. È impossibile comprendermi, perché per poterlo fare devi lasciare andare i tuoi ricordi. Quelle memorie interferiscono. Tu ascolti solo le mie parole, e le interpreti continuamente in base ai tuoi ricordi e al tuo passato. Non mi puoi capire se non sei qui e ora... solo in questo caso ci potrà essere un incontro. Solo in quel momento tu *sei* con me; altrimenti, sei presente fisicamente, ma psicologicamente sei assente.

Non ti ho mai detto di abbandonare la memoria oggettiva. Sarebbe assurdo! Le tue capacità mnemoniche ci devono essere. *Devi* conoscere il tuo nome, tua madre, tuo padre, tua moglie, tuo figlio, il tuo indirizzo; dovrai essere in grado di ritornare in albergo e ritrovare la tua stanza. Non mi riferisco affatto alla memoria oggettiva, bensì a quella psicologica. La memoria oggettiva non è un problema, è un insieme di ricordi. Il problema sorge quando questi hanno un impatto psicologico su di te, e ti influenzano. Cerca di comprendere la differenza.

Ieri qualcuno ti ha insultato, e oggi lo incontri per strada. Il ricordo oggettivo è «ieri costui mi ha insultato». Il ricordo psicologico sta nella rabbia che subentra nel rivedere quella persona; rivedendola infatti cominci a ribollire. E quell'uomo potrebbe avvicinarsi per chiederti scusa, per chiedere il tuo perdono. Potrebbe aver visto il proprio errore, il proprio comportamento inconsapevole. Potrebbe avvicinarsi per ricucire il rapporto, ma tu ti scaldi: vai in collera, cominci a urlare. Non vedi il suo volto nel presente; continui a essere toccato dal volto che aveva ieri. Ma ieri era ieri! Quanta acqua è passata nel Gange? Quest'uomo non è più lo stesso. Ventiquattr'ore hanno portato molti cambiamenti.

E neppure tu sei la stessa persona.

Il ricordo oggettivo è "*ieri* quest'uomo mi ha insultato", nel frattempo il tuo "io" è cambiato. Quest'uomo è cambiato. Di conseguenza è come se quell'episodio fosse successo tra due persone con cui non hai più nulla da spartire: a quel punto sei psicologicamente libero. Non dici: «Sono ancora in collera», perché non ti restano più neppure le briciole di quella rabbia. Ti rimane il ricordo, ma senza alcun risvolto psicologico. Incontri la persona così com'è ora, e così come sei tu nel presente.

Un tale si avvicinò a Buddha e gli sputò in faccia. Era furibondo. Si trattava di un bramino, e l'intera casta dei sacerdoti era furiosa per ciò che Buddha diceva. Il Buddha si pulì il viso e chiese: «Hai qualcos'altro da dirmi?».

Il suo discepolo, Ananda, andò su tutte le furie: «Permettimi di dargli una lezione,» disse «questo è davvero troppo! Non lo posso tollerare!».

E Buddha rispose: «Non ha sputato sulla tua faccia ma sulla mia. Inoltre, da' un'occhiata a quest'uomo! Guarda in che stato si trova! Abbine compassione. Vorrebbe dirmi qualcosa ma non riesce a trovare le parole giuste: è anche il mio problema, il problema di tutta la mia vita. Quest'uomo si trova nella stessa situazione. Io vorrei dirvi ciò che ho scoperto, ma non posso, non ci riesco perché le parole sono del tutto inadeguate. E quest'uomo si trova sulla stessa barca: è talmente infuriato che non trova le parole per esprimere la propria rabbia. Allo stesso modo io sono così colmo d'amore da non trovare le parole o le azioni in grado di esprimerlo. Capisco la sua difficoltà: ecco perché mi ha sputato addosso. Comprendi!».

Sia Buddha sia Ananda hanno visto la stessa cosa. Buddha ne conserva semplicemente il ricordo oggettivo; Ananda crea un ricordo psicologico.

Quell'uomo non poteva credere alle proprie orecchie, a ciò che Buddha diceva. Ne rimase sconvolto. Non si sarebbe stupito se Buddha lo avesse colpito di rimando, o se Ananda gli fosse saltato addosso. In quel caso non sarebbe stato per nulla scioccato; se lo sarebbe aspettato, sarebbe stato naturale. È così che gli esseri umani reagiscono. Ma che Buddha, vedendo i suoi problemi, provasse un *sentimento* per lui... Se ne andò, e passò una notte insonne, continuando a pensarci, a meditare su ciò che era accaduto. Cominciò a sentire una ferita profonda, si rese conto di ciò che aveva fatto. Un dolore fortissimo gli lacerò il cuore.

All'alba si precipitò da Buddha, si gettò ai suoi piedi, e cominciò a baciarli. «Vedi,» disse Buddha ad Ananda «è di nuovo lo stesso problema! Adesso prova un sentimento così profondo per me, da non riuscire a trovare le parole. Mi tocca i piedi.

«L'uomo è veramente impotente. Quando ciò che prova lo travolge, non riesce più a comunicarlo, a esprimerlo, a trasmetterlo. Deve trovare un gesto simbolico in grado di trasmettere ciò che sente. Osserva!»

Quell'uomo si mise a piangere: «Perdonami,» disse «sono così dispiaciuto. È stato stupido da parte mia sputarti addosso... a un uomo come te».

«Dimentica!» disse Buddha. «Colui al quale hai sputato non esiste più, così come non esiste più colui che ha sputato. Tu sei un uomo nuovo, io sono un uomo nuovo! Osserva: questo sole che sta sorgendo è nuovo. Ogni cosa è nuova. Il passato non esiste più. Chiudi con il passato! Come posso perdonarti? In realtà, tu non mi hai mai sputato addosso: hai sputato a qualcuno che se n'è andato.»

La consapevolezza è un fiume che scorre continuamente.

Quando ti dico di lasciar cadere i ricordi, mi riferisco a quelli psicologici, non a quelli oggettivi. Buddha si ricorda perfettamente che ieri quell'uomo gli ha sputato addosso, ma si ricorda anche che né lui né l'altro sono ancora le medesime persone. Il capitolo è chiuso; non è il caso di farsene carico per il resto della propria vita.

Voi però continuate a farlo: qualcuno vi ha detto qualcosa dieci anni orsono, e ve lo portate ancora appresso. Vostra madre era arrabbiata quando eravate bambini, e vi trascinate ancora dietro la sua rabbia. Vostro padre vi ha dato uno schiaffo quando eravate piccoli e ve lo portate ancora addosso, e magari avete settant'anni.

Questi ricordi psicologici continuano a gravare su di voi, ad appesantirvi. Distruggono la vostra libertà, la vostra carica vitale, vi tengono prigionieri. I ricordi oggettivi invece vanno benissimo.

Inoltre, è bene comprendere un'altra cosa: quando manca il ricordo psichico, quello oggettivo diventa molto preciso, infatti il ricordo psichico è un'interferenza. Come potete avere ricordi precisi, se siete fortemente turbati dal punto di vista psicologico? È impossibile. Tremate, siete in preda a una sorta di terremoto interiore: come si possono avere ricordi precisi? Esagererete; aggiungerete dei particolari, ne cancellerete altri, e ne farete un episodio del tutto nuovo. Non si può contare su di voi!

Una persona priva di ricordi psicologici è una persona sulla quale si può contare. Ecco perché si può fare maggiore affidamento sui computer che sugli esseri umani: sono privi di ricordi psicologici. Vi danno i fatti, nudi e crudi. Quando tu parli di un fatto, alla fine non è più tale: è carico di elementi narrativi. Tu lo forgi, lo cambi, lo dipingi, gli dai le tue tinte: non si tratta più di un fatto!

Solo un Buddha, un Tathagata, un essere illuminato, conoscono i fatti; a voi un fatto non si presenta mai, perché avete una mente carica di finzioni. Da un fatto qualsiasi, costruite un romanzo. Non vedete *mai* ciò che è. Continuate a falsare la realtà.

Buddha dice che un Tathagata è sempre nel vero, perché quando parla è in sintonia con la realtà. Un Tathagata dice sempre la verità, non può fare altrimenti. Un Tathagata è sinonimo di «ciò che è», l'evidenza dei fatti. Un Tathagata si limita a riflettere, qualsiasi sia la cosa in oggetto; è uno specchio.

Tu dici: «*Sembri supplicarci in continuazione di lasciar andare i ricordi, di vivere qui e ora*».

Questo non significa che si debba dimenticare il passato, perché il passato fa parte del presente. Qualunque cosa tu sia stato in passato, qualunque cosa sia stata fatta in passato, è *parte integrante* del tuo presente, è *qui*. Il tuo bambino è dentro di te, così come lo è il tuo adolescente... tutto ciò che hai fatto è dentro di te. Il cibo che hai mangiato, non c'è più, ma è diventato il tuo sangue; circola nelle tue vene, adesso; si è trasformato nelle tue ossa, è diventato il tuo midollo. L'amore che un tempo hai provato forse fa parte del passato, ma ti ha trasformato. Ti ha dato una nuova visione della vita; ti ha aperto gli occhi. Ieri eri qui con me: questo fa parte del passato, ma si tratta davvero del passato? Come può essere passato totalmente? Ti ha cambiato; ti ha dato una nuova spinta, un nuovo fuoco, elementi che ora sono parte integrante di te.

Questo istante contiene tutto il tuo passato. E se sei in grado di comprendermi, questo stesso istante presente contiene anche tutto il tuo futuro, perché il passato, così come è accaduto, ti ha cambiato e preparato, e il futuro che accadrà dipende dal modo in cui vivrai il presente. Il modo in cui vivi qui e ora avrà un immenso impatto sul tuo futuro.

Il presente contiene l'intero passato, e nel presente è raccolto tutto il potenziale del futuro. Ma non occorre preoccuparsene da un punto di vista psicologico: è già presente! Non è il caso di farne un peso psicologico, o di sentirsene oberati!

Se mi capite, se comprendete che nel presente è già contenuta ogni cosa... l'albero non rimugina sull'acqua che ha assorbito il giorno prima, eppure essa è presente! Che ci pensi o meno. Non si sofferma sui raggi del sole che l'hanno irradiato ieri, non ci pensa. Gli alberi non sono stupidi come gli esseri umani. Perché preoccuparsi del sole di ieri? È già stato assorbito, digerito, si è integrato con la pianta, diventando il verde, il rosso e l'oro. L'albero si gode *questo* sole di oggi, senza alcun ricordo psicologico del passato; anche se il passato è contenuto nelle foglie, nei fiori, nei rami, nelle radici e nella linfa! E anche il futuro si fa avanti: i boccioli novelli, che domani saranno fiori, sono già presenti. Le piccole foglioline, che saranno la chioma di domani, sono per strada.

Il momento presente contiene il Tutto. Ora è l'eternità.

Pertanto non dico di dimenticare il passato oggettivo; sto solo dicendo di non esserne più disturbati. Non dovrebbe essere un investimento psicologico: si tratta di un evento fisico. Lasciate che rimanga tale. E non dico neppure che non si dovrebbe più essere in grado di ricordarsene: potrebbe essere necessario! Quando è necessario, quando occorre, si deve essere in grado di corrispondere a quel bisogno, occorre ricordarsi. Qualcuno vi chiede il vostro numero di telefono. Il bisogno è presente, in questo momento: qualcuno vi sta chiedendo quel numero, e voi replicate: «Come posso dirti il mio numero? Ho lasciato cadere il mio passato». In questo caso, sorgeranno problemi inutili; la vostra vita, anziché essere libera, gioiosa e celebrativa, troverà ostacoli a ogni passo; incontrerete migliaia di problemi che voi stessi avrete inutilmente creato. Non ce n'è bisogno.

Cercate di comprendermi.

Inoltre tu dici: «*Ma rinunciando ai ricordi, devo rinunciare anche all'immaginazione creativa?*».

Cosa c'entrano i ricordi con l'immaginazione creativa? In realtà, più sarai carico di ricordi e meno potrai essere creativo, perché continuerai a perpetuare i tuoi ricordi! Laddove la creatività significa dare spazio al nuovo. Dare spazio al nuovo significa: mettere i ricordi da parte in modo che il passato non interferisca. Lasciati compenetrare dal nuovo. Lascia che il nuovo venga a esaltare il tuo cuore. Avrai sì bisogno del passato, ma non ora;

avrai bisogno del passato nel momento in cui comincerai a esprimere questa nuova esperienza. Allora ne avrai bisogno, perché ti servirà il linguaggio, e il linguaggio viene dal passato. Non te lo puoi inventare qui e ora, e se te lo inventassi sarebbe un farfugliare senza senso; non una comunicazione. Sarebbe un balbettio, uno scambio tra neonati. Diresti cose assurde.

Per dare un senso alla comunicazione abbiamo bisogno del linguaggio; e il linguaggio viene dal passato. Ma il linguaggio dovrebbe presentarsi solo a esperienza conclusa! A quel punto diventa uno strumento tecnico: usalo come tale. Non deve ostacolarti.

Quando ai primi raggi del sole vedete sbocciare una rosa, *vedetela, lasciate* che abbia un impatto su di voi, che vi penetri in profondità! Lasciatevi sopraffare e stordire dalla sua "rosità". Non dite nulla! Aspettate. Siate pazienti, aperti, assorbite. Lasciate che la rosa vi raggiunga e fate in modo di raggiungerla. Lasciate che vi sia un incontro, una comunicazione tra due esseri: la rosa e voi. Lasciate che vi sia una penetrazione, una compenetrazione.

E ricordatevi: più la rosa penetrerà nella vostra profondità, più voi potrete penetrare nella profondità della rosa; le cose avvengono sempre nella medesima proporzione. Verrà il momento in cui non saprete più cosa sia la rosa e chi sia lo spettatore. Giungerà un momento in cui voi siete la rosa e la rosa è voi, allora l'osservatore diventa l'osservato, e ogni dualità scompare. In quell'istante conoscerete la realtà, l'essenza della rosa. In quel momento appropriatevi della vostra arte, afferrate il vostro linguaggio. Se siete un pittore, prendete il pennello in mano e colorate la vostra tela, dipingete. Se siete un poeta, lasciatevi andare ai ricordi oggettivi, alla ricerca del termine più giusto per esprimere questa esperienza.

Ma mentre siete nell'accadere dell'esperienza, non continuate con il vostro cicaleccio interiore. Perché quel dialogare è un'interferenza. Non potrete mai conoscere l'intensità e la profondità della rosa, ne conoscerete solo la superficie, l'apparenza. E se vi limitate a una conoscenza superficiale, la vostra espressione sarà superficiale; la vostra arte non avrà molto valore.

Mi chiedi: «*Rinunciando ai ricordi, devo rinunciare anche all'immaginazione creativa?*».

Non comprendi il significato di "creativo". Creativo significa nuovo, novello, originale; creativo significa fresco, sconosciuto. Devi essere aperto e vulnerabile per recepirlo.

Lascia da parte i ricordi. Si possono utilizzare più avanti. Ora come ora sarebbero un'interferenza.

Adesso, per esempio, mentre mi ascolti, lascia i ricordi da parte. Mentre mi ascolti, ti stai forse ripassando mentalmente tutte le nozioni di matematica che avevi acquisito? Stai contando? Ripassi la geografia? La storia? Devi mettere tutto da parte. Fai anche con il linguaggio ciò che fai con le altre materie: storia, matematica, geografia. Fallo con i tuoi ricordi. Mettili da parte! Ne avrai bisogno, ma usali solo nel momento in cui ne hai bisogno. Metti da parte l'intera mente!

Non la stai distruggendo; la fai solo riposare. Non ne hai bisogno; puoi mandarla in vacanza. Puoi dirle: «Riposati un'oretta e lasciami ascoltare. E quando avrò ascoltato e assorbito tutto dentro di me, quando avrò mangiato e bevuto, allora ti richiamerò, perché allora avrò bisogno di te, del tuo linguaggio, del tuo sapere, delle tue informazioni. Allora dipingerò un quadro, oppure scriverò una poesia, o un libro, ma ora come ora ti puoi riposare». E dopo una pausa la mente sarà più fresca e riposata. Essa rimane mediocre perché non le permetti mai di riposare.

Pensa per un momento a un atleta che decidesse di partecipare alle Olimpiadi, e che continuasse a correre ventiquattr'ore al giorno per prepararsi alle gare. Al momento della gara effettiva, non sarebbe più in grado di muoversi, sarebbe sfinito. È necessario riposarsi il più possibile prima di una gara, in modo che il corpo si possa rinvigorire.

La stessa cosa vale per la mente. L'immaginazione creativa non ha nulla a che fare con la memoria: solo in questo caso può dirsi creativa. Se mi comprendi, e lasci andare il ricordo psicologico, diventerai creativo. Altrimenti, ciò che tu chiami creatività, non lo sarà veramente, si tratterà solo di una composizione. Ed esiste una differenza enorme tra creatività e composizione. Tu non fai altro che disporre vecchi elementi già conosciuti, secondo modalità diverse, ma essi rimangono elementi vecchi; non c'è nulla di nuovo. Ti limiti a cambiarne la struttura.

È come risistemare i mobili di casa: il mobilio resta lo stesso, i quadri alle pareti non cambiano, le tende sono le stesse, ma puoi risistemare il tutto in un altro modo. Puoi cambiare la posizione delle sedie e dei tavoli, spostare i quadri: il tutto può assumere un aspetto nuovo, senza esserlo affatto. Si tratta di una composizione, non hai creato alcunché.

Questo è ciò che continua a fare il novantanove per cento degli autori, dei poeti e dei pittori. Sono dei mediocri; non sono dei creativi.

La persona creativa è colei che porta qualcosa dallo sconosciuto al conosciuto, che porta qualcosa da Dio al mondo, che aiuta Dio a esprimere qualcosa; che diventa una canna cava di bambù, e permette a Dio di fluire attraverso di sé.

Come puoi diventare una canna cava? Se sei troppo pieno della tua mente, non puoi diventarlo. E la creatività proviene dal creatore; non è tua, e non scaturisce neppure da te. Tu scompari, e a quel punto appare la creatività, quando cioè il creatore s'impossessa di te.

I veri creativi sanno perfettamente di non essere loro i creatori: sanno di essere semplici strumenti, medium. È vero che qualcosa è successo per loro tramite, ma è altrettanto vero che non ne sono stati gli artefici.

Ricorda la differenza tra un tecnico e un creativo. Un tecnico conosce solo come fare qualcosa. Forse ne ha una conoscenza perfetta, ma è privo di intuizione. Un creativo ha intuizioni, è in grado di vedere ciò che gli altri non hanno mai visto – vede cose che nessun occhio è mai riuscito a vedere in passato –, sente ciò che non è mai stato udito prima. Allora si può parlare di creatività.

Considera... le affermazioni di Gesù sono creative: nessuno prima di lui si era mai espresso così. Non era una persona colta. Non aveva abilità originali; non era particolarmente istruito, ma raramente pochissime persone hanno avuto la sua eloquenza. Qual era il suo segreto? Egli aveva intuizioni. Era entrato direttamente nel Divino. Aveva scrutato l'ignoto. Si era confrontato con l'ignoto e con ciò che non si può conoscere. È stato in quello spazio, e da lì ha riportato alcuni frammenti. Infatti si possono portare solo frammenti, ma anche portando semplici frammenti dell'inconoscibile, arrivi a trasformare totalmente la qualità della consapevolezza umana sulla Terra.

Gesù *è* creativo. Lo definirei un artista. E così Buddha, Krishna e Lao Tzu: sono loro i veri artisti! Coloro che rendono possibile l'impossibile. L'impossibile rappresenta l'incontro tra ciò che è conosciuto e l'ignoto, l'incontro tra mente e non-mente: questo è l'impossibile. Essi lo fanno accadere.

Tu dici: «*Ma rinunciando ai ricordi, devo rinunciare anche all'immaginazione creativa?*».

No. Essa non ha nulla da spartire con la creatività. Anzi, la creatività scaturisce proprio dal mettere in disparte i ricordi. Non si può essere creativi quando si è troppo appesantiti dai ricordi.

Tu dici: «*Io sono uno scrittore, e tutto ciò che scrivo affonda le sue radici nei ricordi*».

Allora non sei un grande scrittore. In questo caso, continui a riproporre il passato. Scrivi le tue memorie. Non ci innesti alcun futuro. Continui a tenere archivi. Sei uno scrivano, un archivista! *Potresti* diventare uno scrittore, ma per farlo dovrai contattare l'ignoto, non i ricordi. Ciò che ricordi è già morto. Dovrai contattare ciò che è, non ciò che ricordi. Dovrai entrare in contatto con l'essere che ti circonda. Dovrai affondare nel presente per imbrigliare nella tua rete anche qualche elemento del passato.

La creatività vera non scaturisce dal ricordo ma dalla consapevolezza. Dovrai diventare più consapevole. E maggiore sarà la tua consapevolezza, maggiore sarà la portata della rete che hai in mano, e ovviamente maggiore sarà il numero di pesci che ne rimarranno intrappolati.

Dici: «*Mi chiedo: come sarebbe il mondo senza l'arte e senza la creatività che la rende possibile?*».

Il novantanove per cento dell'arte non è affatto arte. Si tratta di scarti. Le opere d'arte sono rare, molto rare. Il resto è costituito da imitazioni, eseguite da tecnici, gente abile, furba, ma non da artisti. E quando quel novantanove per cento d'arte sparirà dalla faccia della Terra sarà una benedizione, perché è più prossima a un conato di vomito che a una creazione.

Oggigiorno esistono strumenti molto validi: l'arteterapia, per esempio. Essa va dritta al nocciolo. L'arte può essere un grande aiuto, quando si hanno delle malattie, malattie mentali. Si possono dare al malato una tela, un pennello e dei colori, e incitarlo a dipingere tutto ciò che gli passa per la mente. Dipingerà la follia, è ovvio, i suoi dipinti faranno impazzire. Ma dopo aver dipinto alcune opere folli, vi sorprenderà vederlo tornare alla normalità. Il dipinto sarà stato una catarsi, un vomito. Il suo organismo ha espulso qualcosa di malsano.

Ebbene, la cosiddetta arte moderna non è altro che questo. I dipinti di Picasso forse hanno salvato lui dalla pazzia, ma non contengono nulla di artistico. Ed è pericoloso meditarci sopra: se meditate sui conati di vomito di qualcun altro, impazzirete. Evitate di farlo! Non tenetevi mai un Picasso in camera da letto, altrimenti avrete degli incubi.

Pensateci: sedetevi davanti a una tela di Picasso per quindici minuti e continuate a guardarla... comincerete a sentirvi inquieti, nervosi, agitati, vi verrà la nausea e vi girerà la testa. Come mai? Si tratta del vomito di un altro! Dipingere lo ha aiutato e gli ha fatto un gran bene, ma non è così per voi.

Davanti a un'opera di Michelangelo potete meditare per ore. E più meditate, più sarete in pace e silenziosi. Il suo non è un vomito. Vi ha portato qualcosa dall'ignoto. Non si è liberato della sua follia attraverso la pittura, la scultura, la poesia o la musica. Non era ammalato, e non ha avuto bisogno di sbarazzarsi di qualche malattia. Per niente! Anzi, è l'opposto. È pregno, pregno di Dio. Qualcosa ha messo radice nel suo essere, e lui desidera condividerla. Qualcosa lo ha fecondato, ha compreso qualcosa. Egli ha vissuto in modo creativo. Ha amato la vita in modo creativo. Ha permesso alla vita di entrare nella sua sacralità più profonda, e lì è stato fecondato dalla vita stessa, o da Dio. E quando si è stati fecondati si deve partorire, è inevitabile.

Picasso vomita. Michelangelo partorisce. Nietzsche vomita. Buddha partorisce. Non ci potrebbe essere differenza maggiore tra i due. Partorire un bambino e vomitare sono cose diverse. Beethoven partorisce: attraverso di lui discende qualcosa di valore immenso. Ascoltare la sua musica trasforma, trasporta in un altro mondo. Vi dà un barlume dell'altra sponda.

Il novantanove per cento dell'arte moderna è patologico. Se dovesse sparire dal mondo, sarebbe una cosa sana e un grande aiuto, non sarebbe affatto un male. La mente moderna è una mente collerica: è piena di rabbia perché non siete in grado di contattare il vostro essere, è in collera perché avete perso ogni significato, perché non sapete cosa sia il valore.

Uno dei libri più famosi di Jean-Paul Sartre è *La nausea*. Quello è lo stato in cui si trova la mente moderna; è piena di nausea, vittima di una tortura estrema. E questo stato è una sua creazione.

Friedrich Nietzsche afferma che Dio è morto. Il giorno in cui ha dichiarato la morte di Dio, Nietzsche ha cominciato a impazzire, perché con questa affermazione... *Dio* non può essere morto solo perché tu lo affermi. La tua affermazione non cambia lo stato delle cose. Ma nel momento stesso in cui Nietzsche cominciò a crederlo, cominciò a morire, a impazzire. Un mondo privo di Dio sarà inevitabilmente un mondo di follia, perché a un mondo privo di Dio mancherà un contesto di valore, perderà ogni significato.

Osservate... leggete una poesia; le parole usate hanno valore solo in quel contesto. Se si toglie un termine dal proprio contesto, perde il suo significato. In quell'ambito era straordinario! Se tagliate un riquadro da un dipinto, perde il suo significato, perché ha perso le radici che aveva in quel determinato contesto. Nel quadro era stupendo, adempiva a uno scopo, aveva un significato; ora l'ha perduto.

Toglietemi un occhio, e sarà un occhio morto, privo di significato. Adesso, se mi guardate negli occhi, ne trarrete un significato incredibile, perché esistono nel contesto globale della mia presenza; fanno parte di una poesia, di un dipinto più vasto. Il significato si riferisce sempre a qualcosa più vasto di voi.

Il giorno in cui Nietzsche dichiarò che Dio non esisteva, che era morto, l'uomo uscì dal proprio contesto: quanto meno, cadde fuori dal proprio contesto. Senza Dio l'uomo non può avere alcun significato, perché l'uomo è una parola minuscola nella grande epica di Dio, è una piccola nota nella grande orchestra di Dio. Quella piccola singola nota, da sola sarà monotona; avrà uno stridore, porterà alla follia.

È ciò che accadde a Nietzsche. Credeva veramente in ciò che aveva asserito. Era un credente; un credente che crede in se stesso. Credeva che Dio fosse morto e che l'uomo fosse libero. Ma lui, invece di diventare libero, impazzì. E il XX secolo ha seguito Nietzsche in mille modi, pertanto l'intero secolo è impazzito. Nessun'altra epoca ha mai vissuto una simile follia. Gli storici del futuro parleranno di quest'epoca come dell'età della follia. La pazzia è dovuta alla perdita del contesto.

Perché siete vivi? A che scopo? Voi scrollate le spalle, ma questo non vi aiuta. Sembrate qualcosa di incidentale! Se non ci foste, non farebbe alcuna differenza. Se ci siete, non fa una gran differenza! Non siete necessari. Non siete qui per un motivo. Il fatto che ci siate o non ci siate non cambia nulla. Come potete essere felici? Come potete conservare la vostra integrità mentale? Fenomeni casuali? Siete frutto del caso? Allora tutto è lecito, anche l'omicidio va bene: se è tutto frutto del caso, che importanza può avere ciò che fate? Ogni azione è priva di valore, quindi anche il suicidio è lecito, così come l'omicidio, e come qualsiasi altra cosa!

In realtà, non è vero che tutto va bene, perché ci sono alcune cose che vi danno gioia, altre che vi rendono infelici; alcune che vi mandano in estasi e altre che vi fanno sprofondare nella sofferenza; alcune che creano solo un inferno, e altre che vi portano in un mondo paradisiaco. No, non è tutto uguale. Ma una volta che si pensi che Dio è morto, una volta perso il contatto con la totalità: e Dio non è altro che la totalità... cos'è un'onda quando si è dimenticata l'oceano? Non è più nulla. Quando faceva ancora parte del mare era un'onda travolgente.

Ricorda: la vera arte scaturisce dalla vera religione, perché la religione consiste nella scoperta di una comunione con la realtà. Allorché sei in comunione con la realtà, sorge la vera arte.

Tu dici: «*Mi chiedo: come sarebbe il mondo senza l'arte e senza la creatività che la rende possibile?*».

Se scomparisse il novanta per cento della cosiddetta arte, il mondo sarebbe molto più ricco, perché in quel caso esisterebbe la vera arte. Se scompaiono questi pazzi con tutte le loro finzioni... e non voglio dire che non dovrebbero dipingere: lo dovrebbero fare, ma come forma terapeutica. L'arte *è* terapeutica. Picasso ha bisogno di terapia; dovrebbe dipingere, ma i suoi quadri non dovrebbero essere esposti; oppure, qualora lo fossero, dovrebbero trovare una collocazione solo nell'ambito di un manicomio. Potrebbero aiutare alcuni pazzi a scaricarsi; sono catartici.

La vera arte è qualcosa che vi aiuta a essere meditativi. Gurdjieff era solito chiamare la vera arte "arte oggettiva": quest'arte vi aiuta a meditare. Il Taj Mahal è una vera opera d'arte. L'avete mai visitato? Ne vale la pena. In una notte di luna piena, è sufficiente sedersi a guardare questo capolavoro per sentirsi colmare dall'ignoto. Comincerete a percepire qualcosa che viene dall'aldilà.

Voglio raccontarvi in che modo venne alla luce.

Un uomo giunse da Shiraz, una città dell'Iran. Si chiamava Shirazi, perché veniva appunto da Shiraz. Era un grande artista, il più famoso della sua città. Ed era l'uomo dei miracoli, di cui si erano raccontate centinaia di storie, prima del suo arrivo in India. A quei tempi era imperatore Shah Jehan; anche lui le aveva sentite, per questo lo aveva invitato a corte. Shirazi era un mistico, un Sufi.

Shah Jehan gli chiese: «Ho sentito dire che sei in grado di scolpire l'intera figura di un uomo o di una donna senza vederli in volto, ma solamente sfiorandone la mano. È vero?».

«Mettimi alla prova,» rispose Shirazi «ma a una condizione. Devi sistemare venticinque fanciulle bellissime, che provengono dal tuo palazzo, dietro una tenda. È sufficiente che spuntino solo le loro mani, in modo che io le possa toccare. Le toccherò e sceglierò quella da ritrarre, ma a una condizione. Scolpirò la statua della ragazza che avrò scelto: se l'immagine sarà fedele, e tu e la tua corte ne sarete soddisfatti, quella donna diverrà la mia donna. la voglio sposare, voglio una donna che provenga dal tuo palazzo.»

Shah Jehan accettò. Rispose che per lui andava bene.

Venticinque bellissime schiave vennero messe dietro la tenda. Egli le passò in rassegna tutte quante, dalla prima alla venticinquesima e le scartò tutte. La figlia di Shah Jehan si trovava dietro la tenda e per gioco, quando le altre fanciulle vennero scartate, mise fuori la sua mano. Shirazi la toccò, chiuse gli occhi, sentì qualcosa e disse: «Questa è la mia mano». E a testimonianza della sua scelta le infilò un anello al dito e disse: «Se avrò successo, questa sarà mia moglie».

L'imperatore andò a vedere dietro la tenda e rimase inorridito: «Cosa aveva combinato quella fanciulla?». Ma non era preoccupato perché era praticamente impossibile scolpire la statua di una donna avendole sfiorato solo una mano.

Shirazi rimase chiuso in una stanza per tre mesi, lavorò giorno e notte. Alla fine invitò l'imperatore e tutta la corte a vedere il suo lavoro. L'imperatore non poteva credere ai propri occhi: l'immagine era identica, c'era veramente riuscito! Non riuscì a trovare alcun difetto; fece di tutto per trovarlo, perché non voleva che la figlia sposasse un pover'uomo. Ma non c'era via di scampo. Aveva dato la sua parola.

Sia lui sia la moglie rimasero così turbati che quest'ultima si ammalò. La moglie aspettava un bambino e nel metterlo alla luce morì di dolore. Il suo nome era Mumtaj Mahal.

Il re cadde nella disperazione più nera: come salvare la figlia? Convocò lo scultore e gli raccontò l'intera storia: «È stato un errore. La ragazza ha sbagliato, e ora guarda in che situazione mi trovo: mia moglie è morta perché non riusciva a conciliarsi con l'idea che sua figlia si sposasse con un povero. E neppure io sono d'accordo, anche se ti ho dato la mia parola».

Lo scultore, l'artista disse: «Non c'è bisogno di allarmarsi. Avresti dovuto dirmelo. Ritornerò al mio paese. Non preoccuparti. Non ti chiederò di rispettare la tua promessa. Ritornerò a Shiraz. Scordati tutta questa storia!».

«Non è possibile,» replicò il re «non me la posso dimenticare. Ti ho dato la mia parola. Aspetta. Lasciami pensare.»

Il primo ministro suggerì: «Fa' una cosa: tua moglie è morta, e quest'uomo è un grande artista e ne ha dato prova; commissionagli un lavoro in memoria di tua moglie. Dovrà creare una tomba straordinaria, la più bella del mondo. E la condizione sarà che, se ne approvi l'opera, gli darai tua figlia in moglie. Se non l'approvi, la cosa finisce lì». La proposta venne discussa con l'artista che accettò.

"Ora," pensò il re "non l'approverò mai." E Shirazi costruì molti prototipi bellissimi, ma il re li scartò tutti.

Il primo ministro cominciò a disperarsi: quei modellini erano davvero unici. Ciascuno era perfetto ed era ingiusto rifiutarli. Decise allora di diffondere delle voci... allo scultore in particolare disse che la figlia dell'imperatore era molto malata. La prima settimana fu molto malata, la seconda peggiorò ulteriormente, e sempre secondo le voci che circolavano, nella terza morì.

Quando quelle voci giunsero alle orecchie dello scultore, egli stava costruendo l'ultimo prototipo. La fanciulla era morta; il suo cuore si spezzò, e lui decise che quello sarebbe stato l'ultimo modellino. Lo portò al re il quale diede il proprio benestare. Il trucco era proprio questo: essendo la fanciulla morta, non si poneva più il problema del matrimonio.

Quel modello divenne il Taj Mahal, e fu creato da un mistico Sufi.

In che modo quell'artista riusciva a riprodurre l'intera immagine di una donna, avendole sfiorato la mano un'unica volta? Doveva per forza trovarsi in uno spazio diverso. In quell'attimo doveva essere privo di mente. Doveva essere un istante di meditazione profonda. In quell'attimo contattava l'energia, e semplicemente sentendola creava l'intera immagine.

Oggi lo si può comprendere in modo molto più logico, grazie alle foto Kirlian, poiché ogni energia ha una propria configurazione. Il vostro viso non è accidentale; è là a causa di una configurazione energetica particolare. I vostri occhi, i vostri capelli, il vostro colorito sono tutti dovuti a questa configurazione particolare dell'energia.

Nel corso dei secoli i meditatori si sono sempre interessati a questi schemi energetici: una volta individuatane la tipologia, si può risalire all'intera personalità, sia interna sia esterna, perché tutto fa capo a quello schema. Si conosce il passato, il presente e il futuro. La comprensione del modello energetico è la chiave, il nucleo di tutto ciò che vi è successo e di tutto ciò che vi succederà.

Questa è arte oggettiva. Quest'uomo ha creato il Taj Mahal.

Se meditate su di esso nelle notti di luna piena, il vostro cuore pulserà con un amore nuovo. Il Taj Mahal comunica ancora quell'energia d'amore. Mumtaj Mahal morì per amore della figlia; Shah Jehan soffrì a causa di questo stesso amore; e Shirazi creò quest'opera d'arte perché era immerso in una profonda sofferenza, si sentiva profondamente ferito, perché il suo futuro era piombato nell'oscurità più nera. La donna che aveva scelto non esisteva più. Il Taj Mahal nacque da uno stato di estremo amore e di profonda meditazione. E ancora trasmette quelle vibrazioni. Non si tratta di un comune monumento, è speciale; così come lo sono le piramidi in Egitto.

Al mondo ci sono moltissime cose create in quanto arte oggettiva; create da persone che sapevano ciò che stavano facendo, create da grandi meditatori. A questa categoria appartengono le *Upanishad*, i Sutra del Buddha e i detti di Gesù.

Ricorda, per me creatività significa meditazione, creatività è uno stato di non-mente; a quel punto Dio discende in te e l'amore scaturisce dal tuo essere. Allora da quel benessere straripante, qualcosa accade. È una benedizione. Negli altri casi è un vomito.

Puoi dipingere e scrivere come terapia, ma poi brucia i tuoi quadri e le tue poesie. Non occorre che tu esponga il tuo vomito. E coloro ai quali interessa ciò che vomiti devono essere anch'essi malati; hanno anch'essi bisogno di terapia. Infatti, quando vi interessate a qualcosa, mostrate chi siete e dove siete.

Io sono del tutto favorevole all'arte oggettiva, sono del tutto favorevole all'arte meditativa, a qualcosa che possa discendere da Dio. L'artista ne è il tramite.

Tu dici: «*Un Tolstoj non avrebbe mai potuto diventare un Buddha...*».

Chi te l'ha detto? Un Tolstoj *può* diventare un Buddha, prima o poi lo *diverrà*.

E chiedi: «*... ma Buddha sarebbe mai stato in grado di scrivere* Guerra e Pace*?*».

E cos'ha mai fatto Buddha? Cosa sto facendo io? Hai mai letto la *Gita* di Krishna? Si tratta di *Guerra e Pace*!

Tolstoj è stato in grado di scrivere *Guerra e Pace, Anna Karenina* e altre opere stupende, non perché fosse Tolstoj, ma ciò malgrado.

Dostoevskij ha scritto *L'Idiota, Delitto e Castigo* e una delle opere più belle mai scritte, *I Fratelli Karamazov*: non perché fosse Dostoevskij, ma malgrado questo. Una parte di lui era un Buddha; una parte di lui era estremamente religiosa. Dostoevskij era un uomo religioso; non completamente, ma in parte, un frammento del suo essere era estremamente religioso. Ecco perché *I Fratelli Karamazov* hanno una qualità così squisita. Non sono il parto di un uomo qualunque: qualcosa proviene dal Divino. Dostoevskij è stato posseduto da Dio, ne è diventato il tramite. Ovviamente, non si tratta di un veicolo perfetto, moltissime cose sono frutti della sua mente. Eppure *I Fratelli Karamazov* sono un'opera bellissima. Se non ci fosse stato un Dostoevskij, se non ci fossero ricordi, ego e patologia, *I Fratelli Karamazov* sarebbero stati un altro *Nuovo Testamento*; questo romanzo avrebbe la stessa levatura delle affermazioni di Gesù, del *Sutra del Diamante* o delle *Upanishad*.

Questo libro ha la stessa qualità!

9

«Continuo a pensare che è estremamente facile disfarsi di tutto il proprio pattume e lasciarlo sparire: potrei scegliere di essere contenta tutto il tempo, proprio in questo istante. Mi sto raccontando delle storie? È davvero così facile? È assurdo!»

È assurdo, eppure accade. È incredibile, ma è vero. La verità è sempre incredibile perché la verità è un mistero. Ciò che *tu* puoi credere, non può essere vero. Proprio perché *tu* lo puoi credere, non può essere vero. Tutto ciò che puoi credere dev'essere una bugia. Tu *sei* una menzogna, e puoi credere solo alle menzogne. La verità è troppo: sembra assurda, ridicola, perché è paradossale e illogica. Certo, è proprio così.

Tu dici: *«Continuo a pensare che è estremamente facile disfarsi di tutto il proprio pattume e lasciarlo sparire...»*.

Certo, è proprio così. È facilissimo. Infatti non hai neppure bisogno di disfartene. Basta non continuare a tenerselo stretto. È come un pugno: posso continuare a tenerlo stretto, mettendoci tutto il mio impegno; ma se lo lascio andare, se non lo stringo, il pugno si apre da sé. Non lo apro io: io lo stringo, ma non lo apro. Quando smetto di stringerlo, si apre da solo.

La tua natura è la verità. La tua natura è Dio. Può accadere in questo istante, devi solo fare in modo di non impedirlo. Non puoi far sì che succeda, ma puoi continuare a impedirlo per vite intere. Ed è ciò che avete fatto.

È incredibile, sembra impossibile. Non puoi credere che sei proprio tu a frapporti alla tua felicità, che sei proprio tu a distruggere il tuo paradiso, che sei tu il problema. Fa male, la sola idea ferisce. Lo neghi: «No, non può essere vero. Ci deve essere qualche causa al di là di me». A quel punto ti tranquillizzi, perché la responsabilità non è più tua. Devi trovare qualche capro espiatorio che ti salvaguardi l'ego: soffri a causa dei tuoi karma passati, in questo caso va benissimo; hai trovato una spiegazione razionale. Oppure è la punizione per il peccato di Adamo ed Eva, hai trovato una razionalizzazione. O forse non c'è alcun Dio, sei un frutto del caso, quindi devi soffrire; hai trovato una spiegazione.

Le vostre cosiddette filosofie e religioni sono solo spiegazioni che vi mantengono nell'infelicità. Sono trucchi per salvare la faccia. Vorrei ricordarvi ancora e di nuovo che siete *voi,* solo voi e nessun altro, a essere responsabili. Nel momento in cui ne prendete atto, nel momento in cui permettete a questa intuizione di penetrarvi in profondità, il pugno si apre da solo.

Tu dici: «*Continuo a pensare che è estremamente facile...*».

Certo, è estremamente facile. Perfino dire "facile" non è esatto, perché "facile" significa anche che è un po' difficile, conserva alcuni aspetti della difficoltà. Facile significa che non è molto difficile, non lo è tanto, ma un po' di difficoltà rimane. *Non* è neppure facile, perché non è affatto difficile. *Non* è neppure vicino, perché non è affatto lontano. È dentro di te, sei tu, è già accaduto.

«Continuo a pensare che è estremamente facile disfarsi di tutto il proprio pattume e lasciarlo sparire: potrei scegliere di essere contento tutto il tempo, proprio in questo istante.»

Certo, è una tua scelta.

«Mi sto raccontando delle storie?»

No, per niente!

«È davvero così facile?...»

Sì. Eccoti una storia su cui meditare.

Un uomo va da una prostituta e le chiede se è disposta a fare qualcosa di speciale per lui. Si accordano per cinquanta sterline extra. «Bene,» le dice l'uomo «indossa questo impermeabile, questi stivaloni e apri l'ombrello.»

"Bizzarro" pensa la prostituta, ma fa come le viene richiesto.

«Ora,» continua l'uomo «sali sulla tavola e batti questo tamburo come fosse un tuono e allo stesso tempo accendi e spegni la luce come fossero dei lampi.»

Di nuovo la donna fa ciò che le viene richiesto. A quel punto l'uomo prende un secchio d'acqua e comincia a rovesciarlo sulla testa di entrambi.

Tutto questo va avanti per quattro ore, finché fradicia e stremata la prostituta urla: «Basta, basta! Capisco che cinquanta sterline sono cinquanta sterline, ma non vorresti fare l'amore con me?».

«Cosa,» esclama l'uomo allibito «con un tempo simile? Devi proprio essere pazza!»

Sei tu che crei il tempo. Puoi smettere in qualsiasi momento!

10

«*Perché continuo a fraintenderti?*»

Perché non sei consapevole. È naturale in uno stato di inconsapevolezza. Anziché tentare di comprendermi, inizia a diventare più consapevole.

Non puoi comprendermi e rimanere in uno stato di inconsapevolezza per il tempo restante; non è possibile. Dovrai portare la qualità della consapevolezza nella tua vita per tutte le ventiquattr'ore. Non puoi averla solo al mattino, mentre mi ascolti, per poi riaddormentarti. Non è possibile. La consapevolezza è una continuità: se dormi per ventitré ore, dormirai anche mentre sto parlando. Si può dormire con gli occhi aperti.

Dovrai essere sempre più consapevole; non solo mentre mi ascolti. Sii più consapevole mentre cammini. Sii più consapevole mentre parli. Sii più consapevole anche quando ascolti tua moglie! Chi mai ascolta la propria moglie? La donna continua a cianciare e tu sai benissimo ciò di cui parla, perché hai sentito le stesse cose migliaia di volte. Chi ascolta il proprio marito? La gente continua a parlare, e a nessuno importa niente.

Ascolta anche un cane che abbaia. Ascolta con attenzione. Solo allora sarai in grado di ascoltare anche me. Ascolta con attenzione il rumore del traffico. Non chiuderti, perché tendi a farlo. E l'unico modo per farlo è divenire inconsapevole; non ce n'è un altro. Puoi spegnere la tua consapevolezza, a quel punto il traffico può continuare a ruggire, senza disturbarti. Diventi insensibile. Passa il treno e tu sei insensibile. Passa un aereo e tu sei insensibile. Ecco come sei diventato inconsapevole.

Gli scienziati affermano che siamo attenti solo per il due per cento, il rimanente novantotto è insensibile. Abbiamo paura. Succedono così tante cose, se dovessimo essere presenti a tutte diverremmo pazzi.

Diventate più sensibili. Non impazzirete. Siete impazziti chiudendovi alla vita. Apritevi, ascoltate tutto. Bisogna ascoltare anche il rumore come si ascolta la musica. E se ascoltate con attenzione rimarrete stupiti: il rumore è musica. Se invece non prestate attenzione, la musica diventa rumore. Se ascoltate con attenzione, il cane che abbaia diventa un sermone del Buddha. Se non ascoltate con attenzione, quando parla Buddha sentite solo un cane che abbaia.

Voi cercate di comprendermi; vi sforzate, lo so, ma questo non servirà. Dovrete introdurre consapevolezza da quante più fonti possibili. Quando mangiate, annusate il cibo; riesumate il vostro odorato, è morto. L'uomo ha perso completamente il contatto con il proprio naso, e con il proprio fiuto. Mentre mangiate, assaporate il cibo con consapevolezza. Il cibo è Dio. È nutrimento, contiene qualcosa di Dio; altrimenti come potrebbe nutrirvi? Contiene elementi vitali, è vita impacchettata, sole impacchettato. Questo è ciò che gli alberi fanno in continuazione: voi non siete in grado di assorbire i raggi del sole direttamente, e quindi essi lo fanno per voi. Assorbono il sole e voi mangiate una mela: la mela è un pacchetto di sole confezionato.

In futuro è possibile che... e io vorrei che si realizzasse, perché solo allora la povertà potrà scomparire dal mondo, e con essa la fame e la denutrizione. Se gli alberi sono in grado di assorbire il sole direttamente, perché non gli uomini? Si dovrebbe poter portare un berretto speciale, capace di assorbire direttamente le radiazioni solari. E dovrebbe essere automatico: quando si ha fame, assorbe il sole, quando si è sazi non lo fa.

Se gli alberi sono in grado di farlo, perché non l'uomo? Queste possibilità non sono state mai studiate, perché la mente dell'uomo è focalizzata sulla guerra. Ha creato la bomba atomica e la bomba all'idrogeno: perché non fare anche piccole cose che potrebbero trasformare la Terra? Risolvendo l'assorbimento del nutrimento direttamente dal sole, ogni altro problema sparirebbe, perché il novanta per cento delle malattie nascono dallo stomaco.

E questo stato di ineguaglianza costante che esiste nel mondo – dove alcuni hanno più del fabbisogno, e altri non hanno il necessario – potrebbe essere eliminato. Prima o poi accadrà. Deve accadere, altrimenti la Terra non si salverà.

Quando mangiate una mela, ricordatevi di essere grati all'albero: ha fatto per voi qualcosa che non siete in grado di fare da soli. Siate grati al sole: vi nutrite del sole, vi nutrite di energia. Assaggiatela, annusatela, toccatela, siate sensibili e aperti, e dentro di voi si apriranno delle finestre.

Quando fate il bagno, apritevi all'acqua. L'ottanta per cento del vostro corpo è fatto di acqua: siate grati, godetevi questa doccia, quest'acqua che cade su di voi. Fate vibrare la vostra acqua interiore.

Diventate sempre più consapevoli di qualsiasi cosa facciate, e la vostra comprensione di ciò che dico aumenterà di pari passo.

In questo momento è come foste ubriachi. Un piccolo aneddoto su cui meditare...

Accadde in Africa. Un prigioniero politico viene condannato a morte. Il sultano tuttavia si sente indulgente e quando gli viene portato il prigioniero, gli dice: «Ti darò una possibilità di salvarti la vita. Davanti a noi ci sono tre tende; in ciascuna di esse ti attende un compito quasi sovrumano. Se riuscirai a portare a termine tutte e tre le imprese, ti farò grazia della vita.

«Nella prima tenda c'è una botte di vino: devi berlo tutto in quindici minuti. Nella seconda c'è una tigre feroce che ha un terribile male ai denti: devi toglierle il dente cariato in quindici minuti. Nella terza c'è una vergine amazzone di incredibile forza che ha resistito alle avances degli uomini più forti del regno. È quasi impossibile vincere le sue resistenze: tu la dovrai sedurre in quindici minuti.»

Il prigioniero ringrazia il sultano per l'occasione concessagli, e si dirige verso la prima tenda. Dopo dieci minuti esce a tentoni completamente ubriaco tenendo in mano la botte capovolta, vuota!

Si butta nella seconda tenda con gambe malferme. Dopo alcuni minuti ai presenti si accappona la pelle per le urla e i ruggiti tremendi che ne escono. Dopo otto minuti, il prigioniero ne esce orribilmente ricoperto di sangue, di graffi, morsi e ferite provocati dalla tigre. Solo guardarlo faceva stare male.

Girandosi verso i messi reali, chiede: «E adesso, dov'è la ragazza con il mal di denti?».

11

«Se la verità non può essere espressa a parole, come mai tutti i Buddha le hanno usate?»

Una parabola.

La grande mistica, Rabia di Basra, era di una bellezza straordinaria. Una bellezza che non era di questo mondo. Un giorno, dall'Iran arriva nella sua città un ricco giovane che comincia a interrogare la gente del luogo: «C'è qualcosa di particolare, qualche cosa di speciale da vedere?».

«Sì,» rispondono tutti unanimi «abbiamo la donna più bella del mondo!»

Subito incuriosito, il giovane chiede dove la può trovare.

Tutti scoppiano a ridere e rispondono: «E dove? Al bordello!».

Il giovane prova un senso di repulsione, ma decide ugualmente di andarci. Al suo arrivo gli viene chiesta una cifra esorbitante. Paga il dovuto ed entra. In una stanza quieta e silenziosa, vede una figura in preghiera. Quale bellezza! Non ha mai visto una bellezza e una grazia simili, neppure in sogno. Essere lì è di per sé una benedizione, e l'atmosfera di preghiera inizia ad avvolgerlo.

Dimentica la passione. Entra in un altro spazio. È inebriato. Viene condotto a Dio.

Passa un'ora e il giovane ha la profonda sensazione di essere in un tempio! Quale gioia e quale purezza! Continua a pascersi della bellezza di quella donna; ma non è più la bellezza di un essere umano: è la bellezza di Dio. Non ha più nulla a che fare con il corpo: appartiene a un altro mondo.

A un certo punto Rabia apre gli occhi, quegli occhi di loto, ed egli vi si inabissa, non c'è più una donna dinanzi a lui: è al cospetto di Dio. Passa così l'intera notte, come fosse un solo istante.

Sorge il sole, e i suoi raggi entrano dalla finestra, il giovane sente che è giunto il momento di ritirarsi. Dice a Rabia: «Sono il tuo schiavo. Dimmi ciò che vuoi, farò qualsiasi cosa per te».

«Ho solo una richiesta» gli risponde lei.

«Dimmi cosa vuoi?» chiede il ragazzo.

«Non svelare mai ad alcuno ciò che hai visto e sperimentato qui. Lascia che la gente venga a me, questa bellezza è solo una trappola: la uso come una soglia, perché possano accedere a Dio. Promettimi, ti prego, che non racconterai mai ad anima viva ciò che hai vissuto stanotte. Lascia che vengano da una prostituta in un bordello, perché altrimenti non verrebbe mai nessuno da me.»

«È questo dunque il segreto di questa città? Tutti parlano della tua bellezza, ma nessuno menziona la sua esperienza.»

«Sì, questo è ciò che mi faccio promettere da tutti» risponde Rabia ridendo.

Rabia usa la sua bellezza come trappola. Buddha le sue parole. Krishna il suo flauto. Mira la sua danza. Sono tutti espedienti.

Dovete cadere in trappola. E questo può avvenire solo con qualcosa che comprendete. Bisogna portarvi dal conosciuto all'ignoto, ma il viaggio deve iniziare da ciò che già conoscete.

Voi capite la passione. Quel giovane non era alla ricerca di Dio, ma rimase incuriosito da un corpo magnifico, da una bella donna, e cadde in trappola. Era andato al bordello spinto dalla passione. Al cospetto di Rabia la passione iniziò a cambiare, divenne preghiera.

Voi siete in grado di capire le parole, ecco perché tutti i Buddha le hanno usate, sapendo benissimo, e continuando a ripeterlo, che la verità non può essere espressa con le parole. Ma voi capite le parole e la verità non si può esprimere a parole, come comunicare dunque? Il viaggio deve per forza iniziare dal punto nel quale vi trovate. I Buddha devono esprimersi a parole. Esse vi porteranno più vicini: non vi daranno la verità, ma vi avvicineranno ai Buddha. Una volta che vi sarete avvicinati a loro, inizierete a lasciar perdere le parole; inizierete a immergervi nel silenzio.

Le parole non possono esprimere la verità, ma vi possono portare vicino a un Buddha. E questo è più di quanto ci si possa aspettare da semplici parole! Ecco perché da un lato i Buddha continuano a ripetere che le parole sono prive di significato, e dall'altro ne fanno uso.

Esse *sono* piene di significato per voi: voi non conoscete il linguaggio del silenzio, non conoscete il linguaggio dell'essere. Conoscete solo la mente; avete dimenticato ogni altra cosa. Se voglio portarvi fuori dalla vostra mente, dovrò iniziare dalla mente, dovrò farmela amica: solo a quel punto il pellegrinaggio verso la non-mente...

12

«Hai parlato dell'arte. Hai detto che la maggior parte di essa è malata, che i dipinti di Picasso sono follia pura, una terapia per lui. Sono d'accordo con te, ma sono anche consapevole di amare l'estetica della decadenza. Inoltre, so che fa da specchio alla mia malattia, ma credo che ci sia qualcosa di più. Questa piccola differenza è importante. In quella piccola differenza si nasconde la vita.

«Mi è piaciuto sentirti parlare di estetica. Non credi che nelle foglie autunnali vi sia una bellezza? Non pensi che ci possa essere anche un'accettazione della follia? Un arrendersi, sapendo che tutto va bene? Che colori, al tramonto del sole! Non pensi che esista un bagliore dell'ignoto anche nei dipinti di Picasso? Non pensi che esistano una follia inconsapevole e una follia consapevole?

«Nella vera bellezza trovo sempre la vita e la morte. Per me non si tratta di un problema astratto: lo vivo. Amo una violetta morente.»

È importante entrare nell'estetica della vita.

Come prima cosa, mentre mi ascolti, ricorda di non essere mai in accordo o in disaccordo con me. Infatti, se lo sei, perdi il punto essenziale. L'accordo e il disaccordo fanno parte del mentale. Quando ti dici in accordo con me, cosa intendi dire? In realtà, dici: «Le tue parole sono in sintonia con ciò che io penso». Ma se è questo l'essere d'accordo, io non potrò trasformarti.

Lo stesso vale per il disaccordo: dissenti perché qualcosa è contrario ai tuoi pregiudizi e alle tue idee. Quando ciò che dico ti corrisponde, sei d'accordo; quando non lo è, non lo sei, ma nell'assenso e nel dissenso tu rimani lì dove sei. In ambedue i casi non potrai comprendere ciò che ti metto a disposizione.

Dimentica, ti prego, questa dinamica: non si tratta di discorsi filosofici. Non ti sto insegnando filosofia o estetica. Ti sto semplicemente aprendo il mio cuore. Ascolta! Non avere fretta di convenire o discordare con me; non continuare a farlo mentre ti parlo; altrimenti tutto questo si ergerà come una barriera.

Innanzitutto ascolta. Entra in sintonia con me! Prima di tutto entra in armonia con me. Lascia che ci sia una sintonia. Essere in sintonia non significa essere d'accordo; significa essere semplicemente in uno spazio d'amore con me, non con ciò che dico. Ti limiti ad amare il mio essere; ciò che dico è irrilevante.

Come prima cosa, entra in sintonia con me... e da *lì* nasceranno in te delle intuizioni. Esse ti trasformeranno.

Tu dici: «*Hai parlato dell'arte. Hai detto che la maggior parte di essa è malata, che i dipinti di Picasso sono follia pura, una terapia per lui. Sono d'accordo con te...*».

Manchi il punto essenziale. Non si trattava di un'affermazione con la quale essere o meno d'accordo. Stavo aprendo una porta. Non mi riferivo in particolare a Picasso, mi limitavo a illustrare un punto; facevo un esempio, per essere più realistico. Non condannavo Picasso!

Tu dici di essere d'accordo con me? Significa che questo era ciò che già pensavi, prima ancora che io lo dicessi, e nel sentire le mie parole, ti ci sei avventato sopra, affermando: «Giusto, Osho, hai ragione, visto che sei d'accordo con me. *Devi* aver ragione».

Se questo è il tuo sentire, ti sei protetto. Rimarrai lo stesso di sempre; in realtà ti sei rafforzato, ti sei consolidato. Non puoi evitare questa dinamica? Certo, è difficile, perché la mente è abituata al consenso e al dissenso immediati.

Non appena sentite qualcosa, dite subito di sì o di no. Non riuscite a evitarlo? Non potete limitarvi ad ascoltare? Non c'è alcuna fretta di dire sì o no. Lascia che la cosa detta impregni il tuo essere. Bevila! Lascia che circoli nel tuo sangue, che arrivi sino al midollo. Da *lì* nascerà qualcosa, qualcosa fiorirà, e sarà qualcosa di nuovo.

Ed è proprio perché nasca qualcosa di nuovo che sto lavorando. Tutto ciò che dico è uno stratagemma. Privo di assolutismi; del tutto arbitrario. Per questo l'accordo sta al pari del disaccordo.

Tu dici: «*Sono d'accordo con te, ma sono anche consapevole di amare l'estetica della decadenza*».

La mente è molto astuta e diplomatica. Dice infatti: «Sono d'accordo su un punto ma non sull'altro». E così tu resti lo stesso di sempre! Non sei cambiato di una virgola. Non hai fatto neppure un passo per avvicinarti a me.

«*Inoltre, so che fa da specchio alla mia malattia, ma credo che ci sia qualcosa di più.*»

Ricorda che questi "ma" sono molto, molto significativi. Questi "ma" sono le tue strategie diplomatiche, con cui ti spingi nelle cose a malincuore, parli senza passione alcuna:

«*Inoltre, so che fa da specchio alla mia malattia: ma credo che ci sia qualcosa di più.*»

No, non esiste altro.

Tu dici: «*Questa piccola differenza è importante. In quella piccola differenza si nasconde la vita.*
«*Mi è piaciuto sentirti parlare di estetica. Non credi che nelle foglie autunnali vi sia una bellezza?*».

Certo, c'è bellezza nelle foglie d'autunno, ma esse non sanno di morire; non sanno di essere decadenti. Quelle foglie vivono *ancora*! Non hanno *alcuna* paura della morte. Vivono il loro autunno! Hanno vissuto la propria primavera, e ora vivono il proprio autunno. Hanno vissuto la propria vita, e ora vivono la propria morte. E c'è una grande differenza.

Quando vedi le foglie d'autunno, il concetto di morte sorge in *te*, non nelle foglie. Esse non sono affatto corrotte da questa idea. Vivono nella totalità dello stato di fatto, di ciò che è. La primavera è stata bella e così lo è l'autunno. La vita è stata bella: i giorni in cui erano verdi e i venti e le nuvole... erano giorni meravigliosi, come lo sono questi! Le foglie si seccano, sbiadiscono, cadono a terra, e godono! Perché tornano alla fonte. Ed è proprio da lì che sono spuntate, all'inizio. Sono nate dalla terra, hanno giocato coi venti, si sono innalzate verso il cielo, hanno vissuto il loro momento: ora sono stanche, vogliono acquistare un vigore nuovo, vogliono ritornare nel grembo. Sono assolutamente felici! Non vi è attaccamento, lamentela, rimpianto; non c'è paura né apprensione.

Le foglie autunnali non sono decadenti. La Natura non conosce *alcuna* decadenza! È *sempre* viva, anche nella morte. La Natura non conosce la morte. La morte è un'invenzione umana. E come mai l'uomo l'ha inventata? Perché ha inventato l'ego. La morte è un derivato dell'ego: subentra nel *momento* stesso in cui dici: «Io sono». Le foglie non hanno mai affermato di essere, quindi la morte non può subentrare.

Come puoi morire, se non affermi: "Io sono"? Per morire, come prima cosa si deve essere.

Meditate su quanto ho detto, senza essere d'accordo o in disaccordo con me! Limitatevi a meditare. Dov'è il problema, se non dite: "Io"? Voi non esistete. Esiste il silenzio eterno... il vuoto assoluto, ciò che Buddha chiama *shunyata*. Ebbene, chi può morire? A quel punto, da dove può arrivare la decadenza?

Questo è il motivo per cui continuo a ripetere: la natura non conosce la morte, perché anche nella morte è presente la vita. La morte è una fase della vita, una fase inattiva, una fase silente. La morte è la vita che si rilassa. La morte è la vita che va a dormire, che si riposa. È una pausa, per ringiovanire. È una purificazione. È un processo di distruzione del superfluo e di tutto ciò che non sia essenziale, che si è accumulato nel corso della vita. La morte è uno scaricarsi, uno sgravarsi.

Ma se non vi appesantite, non c'è spazio per la morte. Non c'è morte, se vi liberate di tutti i pesi. Come potete pensare "morirò", se non avete l'idea di essere separati dall'esistenza? L'ombra della morte accompagna l'idea di separazione, si annida dietro di essa.

Quelle foglie non hanno mai pensato di essere separate, non caricarle dunque di ciò che tu pensi. Non è giusto.

Tu chiedi: «*Non credi che nelle foglie autunnali vi sia una bellezza?*».

La bellezza *c'è*! Perché non c'è decadenza. La bellezza *c'è*, perché non c'è morte. La bellezza *c'è*, perché c'è l'eternità.

«*Non pensi che ci possa essere anche un'accettazione della follia?*»

So che ci può essere un'accettazione della follia; ma nel momento stesso in cui la si accetta, non si è più pazzi. La follia esiste solo nella sua negazione. Avete mai incontrato un pazzo che ammetta di esserlo? Andate a visitare un manicomio, e interrogate tutti coloro che vi sono rinchiusi: nessuno accetterà di essere pazzo. E se qualcuno dovesse farlo, significa che è guarito. Come può la follia accettare? Solo la saggezza lo può fare.

Nella sua accettazione, la qualità stessa della follia si trasforma. Avete introdotto la luce, e l'oscurità scompare.

Ricordate: la follia esiste solo nella negazione, e più la rifiutate, più folli diventerete. Lo sciocco continua a negare la propria stupidità, e diventa sempre più stupido. Chi è brutto, continua a negare di esserlo, e diventa ancora più brutto. Il pazzo continua a rifiutare la propria pazzia, e così diventa sempre più pazzo.

Accettate... e la bruttezza scompare, affiora la grazia. Accettate... e il peccato si trasforma in santità. Accettate... e la follia non è più follia.

L'accettazione è il processo alchemico che trasforma ogni cosa. Qualunque cosa sia, accettatela. Da dove proviene la negazione, il rifiuto? È frutto di un ideale presente dentro di voi, su come le cose dovrebbero essere. Non potete accettare la vostra stupidità perché pensate di dover essere saggi. Non potete accettare la vostra pazzia perché pensate di dover essere sani. Non potete accettare nulla perché il vostro ideale è il contrario.

Nell'accettazione si devono lasciar andare tutti gli ideali. Solo quando non siete più alla ricerca della saggezza, potete accettare la vostra stupidità. Ma accettando la stupidità, si diventa saggi.

Questo è il segreto. Nell'accettare la vostra bruttezza, affiora la bellezza. Ecco perché non vi imbattete mai in un albero disgustoso, non vedete mai un animale brutto, o un uccello brutto. Perché? Perché non c'è alcun rifiuto. Esiste una grande accettazione. Essi vivono in ciò che è, nello stato di fatto delle cose: *tathata*. Chiunque siano e qualunque cosa siano, non anelano ad altro, non spasimano per essere diversi: sono in sintonia con se stessi. In quella stessa armonia sta la grazia. La grazia è una qualità che sopraggiunge nell'accettazione della vita così com'è, e la grazia è bellezza.

So che la follia si può accettare, ma sono proprio i pazzi a non accettarla. Se lo facessero si illuminerebbero.

Hai accettato ciò che riscontri dentro di te? Oppure continui a rifiutarlo? A nasconderlo e a coprirlo? Fingi di essere qualcun altro e non ciò che sei? Ti sei mai accettato così come sei? Sei pronto a esporti per ciò che sei? Nella tua nudità più totale? Se non lo sei, anche tu sei folle. Prima o poi accumulerai un tale carico di negazione e di follia da non essere più in grado di controllarlo.

La civiltà fa impazzire perché introduce a forza degli ideali nella mente della gente. L'uomo è l'unico animale sulla Terra che impazzisce, perché è l'unico ad avere ideali di perfezionismo. Un cane si limita a essere un cane; è perfettamente felice di esserlo: nessun cane tenta di diventare un supercane. Ma l'uomo, *ogni* uomo, si sforza di diventare un superuomo: da qui la follia.

E dici: «*... un arrendersi, sapendo che tutto va bene?*».

Quando dici "tutto va bene", non va affatto bene, c'è qualcosa che non va. Di nuovo, ti stai proteggendo. Quando dici "tutto va bene", si tratta solo di una consolazione. Se tutto andasse bene, non ci sarebbe bisogno di dirlo. Se va tutto bene, tutto *va* bene: l'affermarlo ti tradisce; lo fai solo quando sai che non è vero.

Chi tenti di imbrogliare? Vuoi ingannare te stesso. Tenti di creare una specie di autoipnosi, sostenendo che va tutto bene. Segui Emile Coué. Sai di essere malato, ma continui a dire: «Non sto male. Chi dice il contrario? Sto benissimo e sono assolutamente felice». E nel contempo sei ben consapevole del contrario. Infatti continui a ripetere questa affermazione, proprio perché sai di essere ammalato.

Un tempo Coué era molto seguito; insegnava a ripetere: «Ogni giorno, sto sempre meglio, molto meglio, in tutti i sensi. Sono sano, sono saggio, sono bello». Ma quando affermate di essere saggi, cosa state dicendo, in realtà? Che senso avrebbe, *se lo siete* davvero? Nel profondo del cuore sapete di non esserlo. Poiché sapete di non esserlo, cercate di diventarlo con questa ripetizione forzata.

Quando qualcuno dice: "Va tutto bene", guardatelo negli occhi e vedrete il tormento nascosto che gli rode il cuore, qualcosa lo disturba. Non vuole essere tormentato; vuole fingere che va bene. Queste finzioni non aiutano.

Certo, va tutto bene! Ma non c'è bisogno di dirlo.

Lao Tzu ha affermato: «Un tempo la gente era religiosa ma non c'era religione. Poi è sopraggiunta la religione, e la gente ha perso la propria religiosità».

Un'affermazione strana, eppure profonda e significativa, in cui è contenuta una grande verità. Quando la gente ha un senso morale, non ne è consapevole. Quando la gente è veramente sana, non ne è consapevole. Avete mai osservato delle persone sane? *Non* ne sono consapevoli. Non divorano trattati di naturopatia. Semplicemente sono dimentiche del corpo.

Nelle antiche scritture indù, la salute è definita "assenza di corporeità". Non ho mai trovato definizione migliore. Bisognerebbe ignorare il corpo per essere sani; ma voi continuate a pensare alle vostre malattie, e continuate a leggere trattati sulla malattia e la salute, sull'alimentazione naturale, la naturopatia... le mode in voga nel mondo sono migliaia. E più leggete queste cose, più vi ammalerete, e meno naturali sarete, perché aumenterà in voi di pari passo la coscienza corporea.

Osservo le persone che ricercano il benessere: ne sono costantemente coscienti. È sufficiente un po' d'aria nello stomaco, per attirare la loro attenzione; basta un po' di pesantezza alla testa e immediatamente sono presenti; un qualsiasi dolorino, ed eccoli lì. Ebbene, il corpo è un meccanismo grande e complesso; succedono migliaia di cose, se rimanete in osservazione costante di ciò che accade nel corpo, finirete per impazzire.

Provateci per ventiquattr'ore, continuate a osservate ciò che succede: il sangue circola o si è fermato? L'intestino lavora bene? Lo stomaco digerisce? Osservate ciò che accade nel corpo con attenzione e in ventiquattr'ore sarete malati senza rimedio. In ventiquattr'ore sarete a letto...

Quando il corpo è sano, rimane nell'ombra. Non occorre neppure pensarci. Le radici sane stanno sotto terra, nell'oscurità. Tutto ciò che è sano rimane inconsapevole.

In sanscrito esiste un termine, *vedana*. Ha due significati davvero strani: uno è sapere, l'altro è dolore. Sapere è dolore. Per questo la stessa parola significa le due cose: sai solo quando soffri. Sei consapevole della testa solo quando hai l'emicrania. Quando passa, anche la testa se ne va.

Ebbene, tu dici: «*Non pensi che ci possa essere anche un'accettazione della follia? Un arrendersi, sapendo che tutto va bene?*».

Certo, esiste, ma non si tratta di una consolazione. Non si tratta neppure di un'affermazione. La si vive; è un'esperienza esistenziale.

Ma vorrei ti ricordassi che Picasso non ha accettato la propria follia. Se l'avesse fatto, i suoi dipinti sarebbero cambiati. Se l'avesse accettata, sarebbe diventato un Buddha. Neppure Nietzsche ha accettato la propria follia. Se l'avesse accettata, sarebbe cambiato incredibilmente; non sarebbe morto pazzo.

Anche Van Gogh non accettò la propria follia; se l'*avesse* accettata non si sarebbe suicidato. Si suicidò a trentatré anni, ancora giovane... con una vita dinanzi a sé. E il suo suicidarsi sottolinea semplicemente la qualità dei suoi dipinti: sono opere di un suicida. Impazzì prima di ammazzarsi; per un anno rimase in uno stato di follia ininterrotto. In realtà, i suoi dipinti migliori appartengono a quel periodo. Sono bizzarri, traboccano di nevrosi; illustrano, riflettono la mente di un folle. Dipinse anche l'ultimo giorno; e proprio in quel dipinto vi è l'ombra del suicidio. Probabilmente ci pensava, ci rimuginava... era il suo pensiero fisso! Non aveva neppure accettato la vita, come poteva accettare la morte? Eppure era un genio, su questo non ci sono dubbi.

Anche Picasso lo è. Tuttavia essere un genio non significa necessariamente essere saggio. Un genio può essere pazzo. Un genio può essere saggio. Anche Buddha è un genio, ma un genio che si è risvegliato alla sua essenza più intima. Anche Van Gogh è un genio, ma vive in uno stato di assoluto automatismo. E pur nella malattia dipinge in modo straordinario: potete immaginare cosa avrebbe concepito se fosse stato sano. Sarebbe stato un grande dono al mondo. Il mondo ha perso qualcosa di meraviglioso.

Tu dici: «*Che colori, al tramonto del sole!*».

Ma lo sai che il sole non tramonta mai? Tramonta solo per te. Sorge da qualche altra parte. Il sole *non* conosce il tramonto. Sorge sempre, di continuo: ogni istante è una rinascita. A te sembra che tramonti; ma per il sole si tratta di un sorgere, continuo, perenne. È un eterno sorgere.

E così è per la visione di un illuminato. La vita non conosce la morte; non l'ha mai conosciuta. Il sole non tramonta mai. Quando lo fa, è per sorgere altrove. Ogni stella si scioglie come un fiocco di neve, solo per rinascere in un altro tempo, in un altro spazio. Nulla muore mai. La morte è improbabile, impossibile. La morte non esiste.

Essa vive nella tua mente. Il tramonto è stupendo, perché è un altro sorgere; è un mattino di altro tipo. Non hai mai notato quanto sono belli gli alberi vecchi? Lo sono perché non conoscono la vecchiaia. Il loro essere vetusti li rende incredibilmente belli. È raro che un uomo anziano sia bello, ma quando accade, puoi essere certo che quell'uomo ha vissuto pienamente la sua vita.

Un Tagore, a mano a mano che incanutiva diventava sempre più bello, i suoi capelli diventavano grigi e poi bianchi, il corpo invecchiava sempre più, e lui assumeva una nuova qualità di bellezza, che nessun giovane avrebbe potuto mai raggiungere. La giovinezza ha la propria bellezza, ma è superficiale; non può avere profondità, spessore. È più fisica che spirituale. Appartiene al corpo, non può essere molto profonda.

La giovinezza non ha vissuto abbastanza da poter essere molto profonda. Un vecchio, un Tagore, che ha vissuto la vita – le sue gioie, le sue tristezze, le sue benedizioni, le sue maledizioni, i giorni e le notti oscure –, che ne ha viste tutte le sfaccettature e tutta la ricchezza, che ha sofferto ed è stato benedetto, ovviamente raggiunge uno spessore, diventa necessariamente profondo. Nella sua età avanzata, si scorge una luminosità, si intravede una fiamma profonda dentro di lui che filtra all'esterno, i cui raggi fuoriescono. Con i suoi capelli bianchi, e l'età vetusta, assomiglia all'Everest: quella chioma bianca è diventata simile alle antiche e vergini cime innevate dell'Himalaya.

Se un uomo vive la sua vita totalmente, se non ha paura di vivere, diventerà ogni giorno più bello.

Il bambino ha un tipo di bellezza, la gioventù un altro, la vecchiaia un altro ancora, e anche la morte è bella. Ma *solo* se si è vissuto, altrimenti la morte è orribile: se la vita è stata orribile, come può la morte essere bella? La morte non è altro che l'ultima affermazione, un testamento: contiene l'interezza della vita, condensata in quell'ultima dichiarazione.

Un uomo che non abbia vissuto rettamente, o che sia vissuto a malincuore, non potrà rilassarsi nella morte; si aggrapperà alla vita. Dal profondo del cuore griderà: «Datemi ancora un po' di tempo! Non portatemi via... Non ho ancora vissuto! Non sono pronto! Ho perso delle occasioni. Mi occorre un'altra opportunità». Ci saranno tristezza e un forte struggimento. Quell'uomo non è pronto; si aggrapperà alla riva: farà di tutto per restare qui. E quell'aggrapparsi genererà l'orrore.

Quando un uomo ha vissuto, amato, meditato, danzato, pregato; quando ha fatto ogni sorta di cose, di tutto... provando ogni desiderio senza lasciarne alcuno inesplorato; ha vissuto il peccato e la santità, spingendosi libero e selvaggio dai recessi più oscuri fino alle vette illuminate più alte... dedito solo e unicamente alla vita senza altra priorità o impegno; senza mai sacrificarla a degli stupidi ideali: Dio, il paradiso, la madrepatria, la religione, la politica, il comunismo, il socialismo; se quell'uomo, insomma, non ha mai sacrificato la propria vita a nulla... perché la vita è talmente preziosa che nulla vi può essere sacrificato. Tutto si può sacrificare alla vita, la vita a nulla. La vita è Dio!

Ebbene, un uomo che abbia vissuto con riverenza e con totalità, si potrà rilassare. Al sopraggiungere della morte si rilasserà semplicemente, sarà come un bimbo che si rilassa in grembo alla madre. Chiuderà gli occhi, e dirà addio: la sua affermazione finale sarà satura di pienezza e di gratitudine. Sulle sue labbra ci sarà una preghiera: «Sono grato. Tutto ciò che è accaduto è stato incredibile. Non ne ero degno, ma tu mi hai reso tale. Non me lo sono meritato, ma tu hai continuato a irrorarmi con la tua grazia. Non ti potrò mai ripagare».

Quell'uomo morirà in profonda gratitudine, colmo di gioia e di grazia. E vi sarà in lui quella luminosità che sempre accompagna la pienezza. Sarà pronto alla morte: un essere saggio, giunto a maturazione; così forgiato dalla vita.

Ma... non si tratta del sole al tramonto. Quell'uomo va semplicemente a riposarsi, per poi risorgere. Ogni stella si scioglie come un fiocco di neve, solo per rinascere in un altro tempo, in un altro spazio.

Tu dici: *«Che colori, al tramonto del sole! Non pensi che esista un bagliore dell'ignoto anche nei dipinti di Picasso?»*.

Certo, esiste, ma si tratta di un bagliore molto perverso. C'è! Ma è distorto, perché lo specchio di Picasso è distorto. Sarebbe come rimettere insieme in qualche modo uno specchio che si è frantumato in mille pezzi; riflette, ma si tratterà di un riflesso distorto.

Buddha è un pezzo unico. Anch'egli riflette la stessa realtà, ma poiché è un essere integro, non è più frammentato, è diventato una pozza d'energia silente priva di increspature, di pensieri e di follia... e la mente è solo follia. Buddha esiste senza la mente, pertanto non esiste possibilità alcuna di follia. Solo la mente può impazzire!

Sia il folle sia il saggio riflettono la *medesima* realtà, la differenza sta negli specchi, non nella realtà. Gli alberi, visti da voi e da me, sono gli stessi: eppure c'è una gran differenza. Se il vostro specchio è rotto, se è ricoperto di polvere, strati di polvere, polvere antica che si è depositata in tante vite, il riflesso non può rendere giustizia alla realtà, non potrà riflettere lo stato di fatto delle cose, ciò che è.

Certo, *perfino* in Picasso c'è un bagliore, ma quell'intuizione avrebbe potuto essere molto più veritiera. Se Picasso avesse meditato, se avesse lasciato andare il fluire costante del pensiero, se avesse lasciato andare la mente... ma l'Occidente ha dimenticato come farlo.

E dici: «*Non pensi che esista una follia inconsapevole e una follia consapevole?*».

Non ho mai sentito di una follia consapevole. Tutta la follia è priva di consapevolezza. È impossibile essere contemporaneamente folli e consapevoli; tanto quanto avere l'oscurità e la luce nella stessa stanza. Quando la stanza è illuminata non potete introdurvi il buio. Quando vi portate la luce, l'oscurità scompare.

Così è per la consapevolezza; essa è luce, fiamma, fuoco. La follia è oscurità. Può esistere solo in un essere inconsapevole.

Ecco perché dico che, se Picasso avesse conosciuto la meditazione, ne avrebbe tratto benefici immensi, e con lui il resto del mondo. La sua creatività sarebbe stata una grande benedizione. Ora come ora, per il suo stato d'essere, è solo e unicamente un'affermazione di follia.

Infine dici: «*Nella vera bellezza trovo sempre la vita e la morte*».

Nella vera bellezza non ci sono né la vita né la morte; c'è l'eternità. La vita e la morte sono nostre idee. Continuiamo a imporle... se l'uomo sparisse dal creato, con lui sparirebbero sia la vita sia la morte. Gli alberi continuerebbero a vivere e a morire, ma non ci sarebbero la vita e la morte. Gli uccelli continuerebbero a cinguettare per poi sparire: esisterebbero sia la vita sia la morte, non sorrette da idea alcuna di vita e di morte. Tutte le idee sono opera dell'uomo.

E la bellezza esiste solo quando si mette da parte qualsiasi idea creata dall'uomo. La bellezza è eterna; va oltre la vita e la morte. La verità è eterna; va oltre la vita e la morte. La bellezza è verità: la verità è bellezza.

«Nella vera bellezza trovo sempre la vita e la morte.»

Cosa intendi, quando parli di «vera bellezza»? Hai mai visto una bellezza che non fosse autentica? La bellezza è la realtà! Non esiste una bellezza che non sia reale, vera. Ma noi continuiamo a fare distinzioni perché la mente non ci consente di percepire l'indifferenziato. Crea differenze ovunque: vero e falso, buono e cattivo, morale e immorale, santo e profano, materiale e spirituale. La mente continua a creare distinzioni, perché non è in grado di percepire ciò che non ha differenziazione, ciò che è indifferenziato.

«Per me non si tratta di un problema astratto: lo vivo.»

Nessuno può vivere un problema! Se lo vivi impazzisci. Si può vivere un mistero, non un problema. Un problema ti incita inevitabilmente alla sua risoluzione. Cos'è un problema? È qualcosa che non si può lasciare così com'è; va risolto. Non si può vivere un problema! E il problema stesso non ti permetterà affatto di *vivere*, a meno che non lo risolvi. E voi tutti avete moltissimi problemi, ognuno dei quali reclama la vostra attenzione, e tutti insieme vi distruggono la vita.

Si possono vivere i misteri. Qual è la differenza tra mistero e problema? Un problema può essere risolto, un mistero no, è insolubile. Un mistero non è un quesito, ed è privo di soluzione. Deve essere semplicemente vissuto, con fiducia.

La mente trasforma il mistero in problemi perché non può aver fiducia. La mente è dubbiosa; continua ad anteporre un «perché?», continua a creare ovunque dei punti interrogativi.

Perché una rosa è bella? Ora questo è diventato un problema; deve essere risolto: perché? Esige una risposta. La bellezza di una rosa è un mistero, privo di risposta. Esiste semplicemente, senza un perché. Così è per l'amore; per le persone; per la musica; per il silenzio; per le stelle e i mari e le montagne... così è per il Tutto.

Se ne fate un problema, creerete una filosofia. Se non rendete l'esistenza un problema, in voi nascerà la religione. La religione non conosce problemi, né risposte. Vive la vita come un bimbo; nello stupore continuo, nell'assoluta meraviglia, nella riverenza. In realtà, porre delle domande è irriverente. La domanda è l'inizio dell'assassinio del mistero. L'interrogativo è l'inizio della demistificazione.

Questo è ciò che la scienza fa da sempre: demistifica. Non può avere successo! Ha fallito in pieno, ma persevera nel tentativo. Più fallisce, più si sforza. L'intero operato della scienza consiste nel demolire il mistero dell'esistenza; nel demistificare l'esistenza; nel trovare una risposta a ogni quesito; l'intento è dare il sapere all'uomo. Se la scienza dovesse trionfare, verrebbe il giorno in cui ci sarebbero risposte per tutti i quesiti. Pensateci! Ne seguirebbe una noia infinita.

Pensateci! Il giorno in cui tutte le domande avranno una risposta, i misteri si dissolveranno, voi conoscerete ogni cosa. Potreste andare a consultare un computer o un'enciclopedia; oppure potreste rivolgervi a un esperto: in ogni caso a tutti i quesiti ci sarebbe una risposta, non ve ne sarebbe neppure uno insoluto... quel giorno sarebbe la fine. Oltre, non vi sarebbe altro che la pura noia. Da quel momento non potrebbe più esistere gioia alcuna.

Il sapere uccide la gioia, ne è l'assassino. La religione non ha fiducia nel sapere. La religione ha fiducia nell'ignoranza, perché l'ignoranza è innocenza.

Tu dici: «*Per me non si tratta di un problema astratto...*».

I problemi di questo tipo sono sempre astratti. Non si può vivere un problema: si può solo vivere un mistero. Ma per farlo, dovrai lasciar cadere tutti i problemi.

«*Amo una violetta morente.*»

Perché? Perché non puoi limitarti ad amare una violetta? Perché deve morire? Perché non puoi limitarti ad amare una violetta? Perché questo "morente"? Devi avere qualche tendenza suicida, un orientamento verso la morte; tendenze distruttive. In un modo o nell'altro solo la tristezza ti fa godere.

Di nuovo, lascia che lo ripeta: la violetta non sta morendo; si limita a rinascere. Muore solo nella tua mente. Ma tu godi la morte. C'è in te qualcosa di ossessivo. Forse sei semplicemente incapace di godere la vita; hai creato un surrogato: godi la morte.

Non sono contrario a questo godimento, ma ti vorrei dire: se *non riesci* a godere la vita, non potrai godere neppure la morte, perché la morte ne è il culmine, il crescendo. L'*ultimo* tocco, il tocco finale... La morte non è contro la vita: ne è la vetta più alta.

13

«Come si può conoscere il momento giusto per porre fine a un rapporto d'amore?
«Come si può entrare in profondità con una persona se l'altro ne ha paura?»

Un rapporto e l'amore sono realtà completamente diverse. L'amore non è mai un rapporto, e il rapporto non è mai amore. L'amore si relaziona, ma non è un rapporto. Il rapporto è una cosa morta, chiusa. L'amore è un fluire.

Mi chiedi: «*Come si può conoscere il momento giusto per porre fine a un rapporto d'amore?*».

Ebbene, la prima cosa di cui ricordarsi è questa: l'amore non è mai un rapporto; quindi qualcos'altro ne assume le sembianze. Forse sei alla ricerca di un marito o di una moglie; della sicurezza, di una struttura: una vita strutturata è una vita uccisa.

La mente umana è fissata sulle strutture, perché in una vita strutturata ci si sente sicuri, si sa dove si è, dove ci si trova in rapporto all'altro. Sembra che la struttura prenatale, il ventre della madre che ci ospita per nove mesi, si fissi nella profondità della psiche, e pertanto l'uomo persevera nella ricerca di una struttura simile da qualche parte.

Se ama, immediatamente vuole trasformare il sentimento in un rapporto! Vuole il matrimonio: vuole instaurare un certo tipo di condizionamento. Vuole trasformarlo in un contratto. Oppure si aggrega a una Chiesa, o si iscrive a un partito politico, o a un club *qualsiasi*: vuole essere strutturato, vuole conoscere la sua posizione e il rapporto che ha in seno alla gerarchia. Vuole un'identità: "Io sono *questo*". Non vuole vivere nelle incertezze.

La vita però è incertezza. Solo la morte è certa.

Ricorda: dopo la nascita tutto è incerto, per l'intero arco della vita, solo la morte è certa, tutto il resto è insicuro. L'assenza di certezze è l'essenza della vita. L'insicurezza ne è lo spirito essenziale. Ma noi spasimiamo per avere una struttura.

Il rapporto è una struttura, e l'amore è privo di qualsiasi struttura. Pertanto, l'amore si mette in relazione, questo è vero; ma non diventa mai un rapporto. L'amore è un processo che va di attimo in attimo. Ricordalo. L'amore è uno stato dell'essere, non un rapporto. Ci sono persone amorevoli e persone che non lo sono. Quelle che non lo sono fingono d'amare attraverso una relazione. Le persone amorevoli non hanno bisogno di una relazione; è sufficiente l'amore.

Sii una persona amorevole, anziché essere in un rapporto d'amore, perché il rapporto un giorno esiste e il successivo è scomparso. Si tratta di fiori: al mattino spuntano e la sera appassiscono.

Sii amorevole... ma, poiché abbiamo difficoltà estreme a esserlo, creiamo le relazioni, e ci inganniamo all'idea: "Sono un essere amorevole, perché ho una relazione". E quella relazione può essere monopolizzante, possessiva ed esclusiva. Può essere frutto della paura, e non aver nulla a che fare con l'amore. Può essere un semplice bene-rifugio, di natura finanziaria o di qualsiasi altro tipo. Si ha bisogno della relazione in mancanza d'amore. È un surrogato.

Svegliati! La relazione distrugge l'amore, la possibilità stessa che possa nascere. Questa è la prima cosa.

La seconda cosa. Tu dici: «*Come si può conoscere il momento giusto per porre fine a un rapporto d'amore?*».

Per quanto ne so, tu sei ancora sola. E per quanto ne so, ho la sensazione che sarà molto difficile per te avvicinarti all'amore. Ti conosco, e quando ti guardo negli occhi vedo un cuore di pietra. Nella realtà, la relazione non è neppure iniziata e già chiedi come terminarla. Hai una mente ingegnosa, astuta. Vuoi che sia tutto chiaro. Vuoi conoscere la fine prima ancora dell'inizio.

Il timore d'amare è così profondo che si vuole essere pronti, si vuole avere una via d'uscita nel caso in cui la situazione diventasse insopportabile e si volesse uscirne, si vogliono avere gli strumenti che consentano la fuga al momento giusto... vuoi sapere quando è il momento giusto per uscire dal gioco.

Non ti sei ancora avvicinata all'amore, e già chiedi come uscirne! Vuoi avere tutte le carte in mano. Vuoi essere preparata... ma non ci si può preparare all'amore.

Non si può essere preparati. Quando si è troppo preparati, la preparazione stessa diventa un impedimento. L'amore deve accadere! Quando accade, proviene praticamente dall'ignoto. Viene... vi avvolge... vi fa impazzire... vi spinge nello sconosciuto... in dimensioni ignote. Vi spazza via. È *sempre* una sorpresa. Non si può pianificare. Più tentate di progettarlo, minori sono le possibilità che accada.

Questo è ciò che fai tu: pensi, progetti, pianifichi.

Ebbene, questa è davvero l'ultima cosa da chiedere: «*Come si può conoscere il momento giusto per porre fine a un rapporto d'amore?*».

Non è neppure cominciato! Non c'è stato matrimonio e già vai dall'avvocato a chiedere informazioni sul divorzio!

La terza cosa: l'amore inizia da sé, e termina da sé. Non occorre preoccuparsene. Non potete *farlo sbocciare,* né potete porvi fine. È al di là di voi. È molto più grande di voi. Il vostro ego non lo può controllare. Ecco perché chi mi ha fatto questa domanda non si accosta all'energia d'amore, e non sa di che cosa si tratti. Conserva il controllo di se stessa. È una donna molto perbene. Se fosse vissuta in passato sarebbe stata apprezzata moltissimo: è una vera signora. Qui si trova nella compagnia sbagliata. Questo non è posto per signore e per signori; per loro ci sono altri luoghi: i cimiteri. Questo è un luogo per gente viva; per uomini e donne, non per signore e signori.

Una signora è una donna diluita, priva di valore. Un signore non è più un uomo, per questo lo si chiama "gentiluomo". Ha perso la propria energia; è tiepido, privo di fuoco e passione. Il suo fuoco si è spento. Ha belle maniere, conosce l'etichetta, ma è morto.

Non si può "accendere" l'amore. Non è un interruttore che si può accendere e spegnere. Puoi solo renderti disponibile: quando accade, accade. Piove sempre dal cielo, simile a un sussulto improvviso. E poi ti scuote e ti sradica, è un terremoto. Ti toglie la terra da sotto i piedi. Precipiti all'improvviso in un abisso senza fondo.

Per questo si parla di "cadere tra le braccia dell'amore". Si perde l'equilibrio. Non si è più se stessi. Si è intossicati. Ebbri. Controllo e disciplina non possono coesistere con l'amore. Non potete accenderlo… come potete spegnerlo?

A volte accade: l'amore scompare e voi continuate a convivere con quell'uomo o con quella donna, anche se l'amore non c'è più. E a volte accade anche l'opposto: la donna muore, ma l'amore sopravvive; l'uomo muore, ma l'amore continua. Le vie dell'amore sono molto misteriose.

Si può continuare a vivere con una donna o un uomo, continuare a mettere al mondo bambini, senza che l'amore sia presente. Oppure, la tua donna ti ha abbandonato per un altro; il suo amore ha cambiato rotta, ma tu continui a piangere, a nutrire del sentimento per lei; il tuo cuore continua a battere per lei, a cantare e danzare per lei. Oppure, la donna potrebbe essere morta, non ci sarà più possibilità d'incontro, eppure l'amore continua.

Le vie dell'amore sono al di là di te. Non è possibile stabilire il momento appropriato. L'amore è un tale pericolo; non potete individuare il momento più adatto per iniziarlo, o per porvi fine. Accade nei momenti meno opportuni; quando non ve l'aspettavate neppure, non ci pensavate, accade persino in un momento di imbarazzo. Ma il Dio dell'amore si impossessa di voi.

Se volete porvi inizio e fine a vostro piacere, non si tratterà d'amore. Sarà un sentimento sintetico, di plastica.

«Come si può conoscere il momento giusto per porre fine a un rapporto d'amore?
«Come si può entrare in profondità con una persona se l'altro ne ha paura?»

Se ha paura, il problema è *suo*. Non ti devi preoccupare tu. Non indagare mai sui problemi degli altri.

D'altra parte, se scegli una persona che ha paura, significa semplicemente che *anche tu* hai dei problemi profondi, per questo l'hai scelta. Forse hai paura e non vuoi stare con una persona coraggiosa, perché ti condurrà in territori sconosciuti. E quindi tieni in piedi una relazione.

Ricorda: solo le relazioni si possono gestire. Riesci a gestire la relazione con un vigliacco. Sai che non si spingerà troppo oltre; sei ben consapevole che "lui è più vigliacco di me". Sai che diventerà un marito accondiscendente, succube della tua volontà: "Mi seguirà come un'ombra".

Ebbene, questo è il problema, il dilemma: nessuno ama un marito succube, neppure la moglie: l'amore anela sempre alla grandezza. L'amore anela sempre al Divino. Un marito succube è assolutamente brutto, è poco amorevole, indegno d'amore. Neppure la moglie è in grado di amarlo.

Come si può amare una moglie che si rende tua schiava? L'amore fiorisce tra amici, non tra schiavi e padroni. Non si può amare una donna-schiava. Si possono darle degli ordini, ma non la si può amare; la si può *usare,* non amare. È una sorta di prostituzione, non può essere amore. Si amano solo gli eguali.

Non so a chi ti riferisci, ma il problema è suo. Quella persona si dovrebbe rivolgere a me, interrogarmi in merito. Per quanto riguarda te, una cosa è certa: se ti innamori di un uomo che ha paura della profondità, sei tu in effetti ad avere quello stesso timore; per questo l'hai scelto.

Noi scegliamo sempre l'altro in base alle nostre peculiarità più nascoste. Ci innamoriamo sempre di una determinata persona perché la nostra mente non ci concede altro.

Ho sentito di un uomo, divorziato otto volte, e sorpreso a ricadere ogni volta con lo stesso tipo di donna. Aveva tentato per otto volte; si era davvero sforzato! Cos'altro poteva fare?

Ogni due anni divorziava e riprendeva in mano la propria vita, facendo molta attenzione a non ricadere nella stessa trappola; ma ogni volta, dopo sei, otto mesi trovava un'altra donna... per alcuni giorni andava tutto bene...

poi la stessa falla, le stesse dinamiche, lo stesso solco, e si accorgeva di essersi rimesso con lo stesso tipo di donna ancora una volta.

Solo dopo otto matrimoni si rese conto: «Il problema vero è nel tipo di uomo che *io* sono. Io sono attratto solo da *questo* tipo di donna, e fino a che non cambierò io, cambiare donna non risolverà il problema».

Voi avete un certo tipo di mente; per quella mente solo un certo tipo di uomo, o di donna, sembra attraente. E continuerete a ritrovarvela di fronte sempre e comunque, a meno che non siate voi a cambiare.

Tu chiedi: «*Come si può entrare in profondità con una persona se l'altro ne ha paura?*».

Per quale motivo hai scelto quell'uomo? Se vuoi veramente andare in profondità, puoi scegliere il tipo pericoloso.

Tutti hanno paura di andare in profondità; perché nella profondità c'è la morte, perché ogni profondità rilassa al punto da rasentare la morte. La profondità vi fa uscire dal vostro ego. Per questo si ha paura dell'amore. Si anela a una relazione, ma si ha paura dell'amore.

E un amore aperto crea un ulteriore timore; infatti non si può mai sapere dove ci farà approdare. Restare aperti, rimanere in amore senza vincoli, essere in uno spazio d'amore senza creare una relazione, richiede vero coraggio. Se avete quel coraggio, l'amore arriverà in mille modi, canterà mille melodie nel vostro cuore, e continuerà a danzare in mille modi nel vostro essere.

14

«Perché non posso seguire qualcuno che sa?
«Che bisogno ho di ricercare la verità in prima persona?»

Come potrai mai sapere che l'altro sa? Sarà solo una tua supposizione, qualcosa che credi. Come farai a sapere se l'altro è giunto a conoscere la verità? Non hai alcuna esperienza. L'altro ti potrebbe ingannare, oppure potrebbe ingannare se stesso. Potrebbe essere astuto o pazzo. Come puoi stabilire se *davvero* sa qualcosa? Non c'è modo.

Lo segui spinto dalla paura, ma è un seguire alla cieca. E per quanto ne sai, colui che segui potrebbe essere a sua volta cieco; potrebbe a sua volta seguire qualcun altro. E le cose stanno proprio così: questo è il modo in cui i preti continuano a seguirsi l'un l'altro. Nessuno sa quando sia esistito davvero colui che era in grado di vedere.

Gesù, per esempio, era uno che vedeva, ma poi, per questi ultimi duemila anni, i preti cristiani hanno continuato a seguirsi a vicenda... una lunga fila di ciechi. Ciechi alla guida di ciechi.

Mi chiedi: «*Perché non posso seguire qualcuno che sa?*».

Anche se qualcuno sapesse – supponiamo sia così – anche in quel caso non potrebbe trasmetterti la sua verità. Può solo indicarti la via; può solo darti una ricetta, poi tu la dovrai seguire, dovrai fare qualcosa.

La verità non può essere trasmessa: dovrai arrivarci da solo.

«Che bisogno ho di ricercare la verità in prima persona?»

Perché la vita senza verità non ha senso, è insignificante. La verità è sempre individuale, non si tratta di un fenomeno collettivo; non appartiene alla folla. Ognuno deve giungervi da solo.

Ricorda, un sapere preso a prestito non servirà a nulla. Potrebbe anche essere che l'individuo dal quale lo hai preso sapesse davvero, ma nel momento in cui quel sapere giunge a te, diventa qualcosa di acquisito: è un sapere preso a prestito, e come tale sarà sempre falso. La fonte può essere vera, ma nel momento in cui entra in te diventa falso, perché tu sei falso.

Perché la verità possa esistere in te, tu stesso dovrai diventare vero. Per trovare la verità si deve scendere nel proprio essere. E senza verità non esiste gioia alcuna; senza verità non esiste alcun significato; senza verità si vive invano.

Due vagabondi chiacchieravano tra di loro. Il primo, magro e affamato, commenta: «Dimmi un po', come mai hai un'aria così ben nutrita e non sembri mai avere fame?».

L'altro spiega: «Ho escogitato un sistema che funziona a meraviglia. Raccolgo un po' di sterco di cavallo dalla strada, poi busso a una villa nei pressi e chiedo un po' di sale e pepe per condirlo. Ovviamente chi mi apre, si commuove: "Non puoi mangiare quella roba! Vieni a farti un pasto decente". Oppure mi danno quattro soldi e vado a mangiare qualcosa in un bar».

L'altro, quello magrolino, decide di provare. Raccoglie per strada dello sterco davvero vecchio, bussa alla villa più grande che incontra, e chiede: «Mi scusi, signora, potrebbe darmi un po' di sale e pepe?».

«No, non puoi mangiare quella roba, poveretto!» esclama la donna inorridita.

"Funziona" pensa il vagabondo tutto contento.

«No, non puoi proprio mangiare quella roba,» ripete la donna «ti ammalerai! Va' alla stalla e prenditi un po' di sterco fresco!»

Per un catalogo generale rivolgersi a:

Associazione Oshoba
Casella Postale 15
21049 Tradate (Varese)
tel. & fax: 0331.810.042
e-mail: oshoba@oshoba.it
Sito web: www.oshoba.it

A Pune, in India, è sempre più fiorente il Resort di meditazione che si ispira alla visione di Osho, tesa a creare un Uomo Nuovo, da lui definito "Zorba il Buddha", un essere che vive la propria vita con profonde radici nell'esistenza e ali maestose dispiegate nel cielo della consapevolezza.

Qui, ogni anno, giungono da tutto il mondo ricercatori del Vero consapevoli di trovare in questo habitat, immerso nella meditazione e nella concretezza della vita quotidiana, gli strumenti necessari per evolvere e apprendere l'arte di vivere in equilibrio e in pienezza tutte le dimensioni in cui la vita dell'essere umano si estende.

All'interno del Resort si trova la Osho Multiversity, una "multiuniversità dell'essere" che offre un'ampia gamma di corsi e programmi di crescita interiore.

Per informazioni e approfondimenti:
www.osho.com